Roman Skowranek

Lichtplanung

Roman Skowranek

Lichtplanung

BIRKHÄUSER

BASEL

Inhalt

Vorwort

Licht ist ein wesentliches Gestaltungselement in der Architektur-
planung. Natürliches und künstliches Licht setzt Architektur als Ganzes
oder im Detail in Szene, schafft Raumstimmungen und ermöglicht eine
gute Nutzung von Räumen. Die Anforderungen an die Lichtplanung sind
so vielfältig wie die Bedürfnisse der Nutzer. So erwarten Menschen an
Computerarbeitsplätzen eine blendfreie und gleichmäßig helle Umgebung, Uhrmacher oder Goldschmiede hingegen eine punktuelle und ziel-
gerichtete Beleuchtung. Im Handel werden über produktabhängige Licht-
stimmungen und -farben Waren dargeboten, in Kinos oder gemütlichen
Cafés begrüßen Besucher gedämpftes und angenehm warmes Licht. Die
Präsentation von Außen- und Innenräumen ist daher ein wichtiges Thema
in der Architektur und geht weit über eine rein technische Umsetzung
und Berechnung des Lichtbedarfs hinaus. Intelligente Lösungen im Entwurf vereinen Gestaltungsansprüche, Funktionen und Technik zu einer
ganzheitlichen Lösung, um dadurch auch den Energiebedarf des Gebäudes zu reduzieren bzw. über sinnvolle natürliche Belichtung sogar teilweise komplett zu vermeiden.

Vor diesem Hintergrund hat sich die Lichtplanung zu einem eigenen
Berufsfeld entwickelt. Um die Leitgedanken im Entwurf von Anfang an
berücksichtigen zu können, ist ein fundiertes Wissen über die Anforderungen und Möglichkeiten der Lichtplanung notwendig. Dies umfasst
neben den technischen Systemen vor allem das Verständnis für Zu-
sammenhänge und die richtigen Mittel für spezielle Aufgaben. Wichtig ist
es, die Konzeption der Belichtung und Beleuchtung als integralen Be-
standteil einer Entwurfsaufgabe zu begreifen. Der Band *Basics Lichtplanung*
gibt hierzu eine umfassende Einführung und hilft dem Leser eigene Ent-
wurfsarbeiten sachgerecht auszuarbeiten.

Bert Bielefeld, Herausgeber

Einleitung

Für das Leben der Menschen ist Licht von zentraler Bedeutung. Neben der Notwendigkeit für das allgemeine Sehen werden auch der circadiane Rhythmus und der Biorhythmus von ihm bestimmt.

Im Rahmen der Gebäude- und Außenraumplanung stellt die Lichtplanung somit nicht nur gestalterisch ein zentrales Element dar, sondern ist vor allem für das menschliche Befinden von immenser Bedeutung.

Dabei ist zu beachten, dass für jede vorgesehene Nutzung andere Anforderungen entstehen und normative Vorgaben greifen, welche zu Einschränkungen in der Planung führen können. Auch die vorhandenen Gegebenheiten sind von Fall zu Fall unterschiedlich. Eine allgemeine Kategorisierung von Lichtplanung ist also nur sehr schwer möglich, in der Regel ist für jeden Einzelfall Licht individuell zu planen.

Ging es in der historischen Lichtplanung vor allem darum, Tageslicht in Innenräume zu bringen, zu bestimmten Zeiten vordefinierte Bereiche mit Sonnenlicht zu beleuchten oder nächtliche Beleuchtung mit natürlichen Lichtquellen zu gewährleisten, hat die gegenwärtige Lichtplanung eine weitaus größere Auswahl an Variationen und technischen Hilfsmitteln zu bieten, und das menschliche Empfinden passt sich neuen Beleuchtungssituationen an. Im Gegenzug steigen die Anforderungen stetig. Richtlinien sind zu befolgen, Mindest- und Maximalwerte sind einzuhalten, und nicht zuletzt ist die Energieeffizienz von künstlichem Licht und Sonnenlicht zu beachten. Somit ist die Komplexität der Planungsaufgaben gewachsen, welche bei Innenraumplanung und Architektur zu einem immer höheren Spezialisierungsgrad im Bereich der Lichtplanung führt.

Grundlagen der Lichtplanung

Vor der gestalterischen Planung des allgemein vorhandenen oder künstlich hinzugefügten Lichts muss geklärt werden, welche Spezifikationen die jeweilige Lichtquelle erfüllt oder erfüllen darf und welche messbaren Werte bereitgestellt werden. Insbesondere in Hinblick auf planungsrechtliche Vorgaben werden hierbei die physikalischen Eigenschaften als maßgebende Planungsgrundlage herangezogen. Zudem ist festzustellen, welche Aufgabe das Licht zu erfüllen hat. Hier kann es für allgemeine Grundbeleuchtung, Raumbeleuchtung oder Akzentbeleuchtung Anforderungen geben, die sich deutlich unterscheiden und die mit verschiedenen Mitteln erfüllt werden müssen.

PLANUNGSPROZESS

Die einzelnen Schritte der Lichtplanung unterscheiden sich kaum von der üblichen Abfolge der architektonischen Planung. Grundlagenermittlung, Entwurf und Ausführung stecken den Prozess ab. Im ersten Schritt gibt der Bauherr oder Nutzer die gewünschten Funktionen an und definiert besonders auszuleuchtende Bereiche oder spezielle Farbgebungen. Im Entwurf werden insbesondere Bauteile zur künstlichen Beleuchtung wie Leuchtentypen und Art des Leuchtmittels betrachtet, da die Tageslichtkomponente bei der reinen Lichtplanung durch Fensterposition, -größe und -art meist vorgegeben ist. Des Weiteren werden die Bauteile und die Möblierung positioniert. Auf dieser Grundlage können, wenn nötig oder erwünscht, computerunterstützte Simulationen vorgenommen werden, welche die Raumwirkung wiedergeben. Diese Simulationen ersetzen allerdings nicht eine Bemusterung der einzelnen Komponenten in der jeweiligen Einbausituation, denn erst hier kann die abschließende Festlegung erfolgen. Wichtig ist das Zusammenspiel der Lichtplaner mit der Planung der Elektrotechnik, da Kabelwege und Schalterpositionen hier mit einfließen müssen. ○

○ **Hinweis:** Aufgrund der fortschreitenden Möglichkeiten bei der computerunterstützten Entwurfsarbeit lassen sich über Renderings, Beleuchtungsszenarien, Berechnungen usw. viele Situationen im Planungsprozess darstellen. Dies ersetzt jedoch meist nicht die Bemusterung und Überprüfung vor Ort, da die individuelle Wahrnehmung einer Lichtsituation trotz fotorealistischer Renderings nicht bis ins letzte Detail simuliert werden kann.

PHYSIKALISCHE BEGRIFFE UND KENNGRÖSSEN

Aufgrund der Komplexität des Lichtes werden viele verschiedene Kenngrößen genutzt, um eine Beschreibung zu ermöglichen und den verschiedenen Facetten des Themas gerecht zu werden. > Tab. 1

Licht- und Farbspektrum

Für das menschliche Auge ist nur ein kleiner Teil des elektromagnetischen Spektrums wahrnehmbar. Dieser Bereich wird Lichtspektrum oder Farbspektrum genannt, ist aber im Allgemeinen auch als das eigentliche „Licht" zu verstehen. Höhere Frequenzbereiche mit kurzen Wellenlängen wie UV- oder Röntgenstrahlung und niedrige Frequenzbereiche mit langen Wellenlängen (Mikrowellen, Radiowellen) sind für uns unsichtbar. Innerhalb des sichtbaren Lichtspektrums wird durch verschiedene Wellenlängen der wiedergegebene Farbton bestimmt. > Tab. 2

Lichtstrom/ Lichtausbeute/ Lichtmenge

Der Lichtstrom Φ [lm] gibt an, welche Lichtmenge von einer Lichtquelle abgestrahlt wird. Dabei ist das menschliche Auge als Bewertungsorgan notwendig. Für die Berechnung von Lichtausbeute, Lichtmenge, Lichtstärke und Beleuchtungsstärke ist die Angabe des Lichtstroms not-

Tab. 1: Lichttechnische Kenngrößen

Kenngröße	Formelzeichen	Einheit
Lichtstrom	Φ	Lumen [lm]
Lichtausbeute	η	Lumen pro Watt [lm/W]
Lichtmenge	Q	Lumensekunde [lms]
Lichtstärke	I	Candela [cd]
Beleuchtungsstärke	E	Lux [lx]
Tageslichtquotient	D	Prozent [%]
Leuchtdichte	L	Candela pro m² [cd/m²]
Farbtemperatur	–	Kelvin [K]
Farbwiedergabeindex	R_a	–

Tab. 2: Wellenlängen der Farbtöne im Lichtspektrum

Farbton	Wellenlänge [nm]
Rot	710–630
Orange	630–580
Gelb	580–560
Grün	560–480
Blau	480–420
Violett	420–380

wendiger Ausgangswert. Bei künstlichen Lichtquellen werden die Lichtströme, welche für die Lichtberechnungen herangezogen werden, je nach gewähltem Produkt von den Herstellern angegeben. Zur Energiebilanzierung und für Wirtschaftlichkeitsberechnungen ist die Lichtausbeute η [lm/W] einer Lichtquelle entscheidend. Diese stellt den angegebenen Lichtstrom mit der aufgewendeten Energie zum Erreichen des Nennwertes ins Verhältnis. Die Lichtmenge Q [lm × h] gibt den insgesamt von einer Lichtquelle abgegebenen Lichtstrom über einen definierten Zeitraum an. Eine Lichtquelle mit hohem Lichtstrom gibt somit eine größere Lichtmenge je Zeiteinheit ab als eine Lichtquelle mit geringem Lichtstrom.

Die Lichtstärke I [cd] ist das Maß des von einer Lichtquelle ausgehenden Lichtstromes in eine bestimmte Richtung. Die Lichtstärke von natürlichen Lichtquellen ist durch Sonnen- und Blendschutz sowie durch Verglasung und Lichtlenkung beeinflussbar. Bei Kunstlicht sind die Bauarten der Leuchten und der verwendeten Lichtquellen oder Leuchtmittel ausschlaggebend. > Abb. 1

Lichtstärke

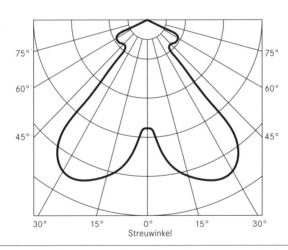

Abb. 1: Relative Lichtstärkeverteilungskurve eines rotationssymmetrischen Reflektors

Die <u>Beleuchtungsstärke E</u> [lx; lm/m²] stellt den Lichtstrom über eine bestimmte beleuchtete Fläche dar. Vor allem bei der Beleuchtung von Arbeitsstätten sind hier umfangreiche normative Vorgaben vorhanden, welche Werte je nach Art des Arbeitsplatzes erreicht werden müssen, aber nicht überschritten werden dürfen. Bei der Tageslichtplanung sind die maßgebenden Werte die allgemein vorhandenen Beleuchtungsstärken der natürlichen Lichtquellen, bei der Kunstlichtplanung wird über Auslegung und Simulationsmodelle berechnet, welche Leuchten und Leuchtmittel zum Erreichen der notwendigen Beleuchtungsstärke benötigt werden. > Tab. 3

Der <u>Tageslichtquotient D</u> ist das Verhältnis der Beleuchtungsstärke im Raum (Raummitte) zur Beleuchtungsstärke im Freien bei bedecktem Himmel. Der Quotient wird immer anhand von konkreten Messwerten oder detaillierten Berechnungen ermittelt. Bei beiden Verfahren können auch Raster mit mehreren Punkten über die betrachteten Räume gelegt werden, um eine übersichtliche Flächendarstellung zu erhalten. Dies ist im Falle von Räumen sinnvoll, welche aus mehreren Richtungen natürlich belichtet werden.

$$D = \frac{E_{innen}}{E_{außen}} \times 100$$

D   Tageslichtquotient [%]
E_{innen} Beleuchtungsstärke innen [lx]
$E_{außen}$ Beleuchtungsstärke außen [lx]

Tab. 3: Beleuchtungsstärken natürlicher Lichtquellen auf dem Erdboden

Lichtquelle	Beleuchtungsstärke [lx]
Klarer Himmel, sonnig (Sommer)	90.000–130.000
Klarer Himmel, sonnig (Winter)	19.000–25.000
Bedeckter Himmel (Sommer)	15.000–20.000
Bedeckter Himmel (Winter)	5000–8000
Dämmerung	3–750
Mondlicht	0,02–0,30

○ **Hinweis:** In den Normen und Richtlinien sind oftmals mehrere Tabellen und Werte zu einzelnen Kenngrößen zu finden. Beim Auslesen der festgesetzten Werte ist zu beachten, dass sowohl für Mindest- als auch für mittlere Beleuchtungsstärken sowie für horizontale und vertikale Flächen unterschiedliche Anforderungen dargestellt werden.

Die <u>Leuchtdichte</u> ist die physikalische Kenngröße für die durch den Leuchtdichte Menschen empfundene Helligkeit. Es handelt sich um eine der wenigen Einheiten, die stark von der Richtung des Lichtstroms abhängig sind, der durch eine Lichtquelle abgegeben wird. Somit ist die Leuchtdichte immer auf den Erzeuger bezogen und nicht, wie bei den meisten anderen Kenngrößen, auf den Empfänger der Lichtstrahlung, also das menschliche Auge. Das Empfinden von Dunkelheit bis Blendung durch die Wahrnehmung verschiedener Leuchtdichten variiert je nach Empfindlichkeit des Auges, zudem passt es sich an bestimmte Situationen mit der Zeit an. Auch die Wellenlängen des Lichtes, also der wahrgenommene Farbton, sorgen dafür, dass ähnliche Leuchtdichten differenzierte Empfindungen auslösen. > Tab. 4

Die <u>Leuchtfarbe</u> oder <u>Farbtemperatur</u> (Maßeinheit: Kelvin) beschreibt Licht-/Leuchtfarbe
und Farbtemperatur den durch eine Leuchtquelle verursachten Farbeindruck. Ein niedriger Wert deutet auf einen hohen Rot-Anteil im vorhandenen Farbspektrum hin, wodurch das Licht in der subjektiven Wahrnehmung als warm empfunden wird. Insbesondere bei der Planung künstlicher Lichtquellen hat die Farbtemperatur eine große Bedeutung, da die Planungsaufgabe zumeist darin besteht, die Lichtfarbe des natürlichen Lichtes nachzubilden. Die technischen Möglichkeiten enden allerdings in der Regel bei Farbtemperaturen, die deutlich unterhalb der Werte des natürlichen Lichts liegen. > Tab. 5 Als warmweiß werden Lichtquellen mit einer Farbtemperatur unter 3300 K bezeichnet, das neutralweiße Spektrum bewegt sich zwischen 3300 und 5000 K, höhere Werte ergeben tageslichtweiße oder kaltweiße Lichtquellen.

Mit Hilfe des Farbwiedergabeindex R_a (englisch CRI: Colour Rende- Farbwiedergabeindex ring Index) wird die Qualität der Farbwiedergabe unterschiedlicher Lichtquellen dargestellt. Er beschreibt die Wirkung, welche das ausgesendete Licht auf Objekte oder Personen hervorruft. Eine gute Farbwiedergabe wird erzielt, wenn die natürliche Farbgebung optimal wiedergegeben wird (Wert: R_a=100). Für Innenräume mit Aufenthaltsqualität oder Arbeitsplätze sind Lichtquellen mit einem R_a < 80 möglichst nicht zu verwenden. > Tab. 6 Der Farbwiedergabeindex R_a bezieht sich auf die acht am häufigsten verwendeten Testfarben – der Index a verdeutlicht dies und bedeutet hierbei „allgemein".

Tab. 4: Wahrnehmung und Empfindlichkeit des menschlichen Auges

Sehaufgabe	Leuchtdichte
Nachtsehen	3–30 µcd/m² – 3–30 mcd/m²
Dämmerung	3–30 mcd/m² – 3–30 cd/m²
Tagsehen	> 3–30 cd/m²
Blendung	> 100.000–1.000.000 cd/m²

Tab. 5: Beispielhafte Farbtemperaturen natürlicher und künstlicher Lichtquellen

Lichtquelle	Farbtemperatur [K]
Kerze	1500
Glühlampe (60 W)	2700
Glühlampe (200 W)	3000
Halogenlampe (12 V)	3000–3200
Leuchtstofflampe (neutralweiß)	4000
Morgen-/Abendsonne	5000
Bedeckter Himmel	6500–7500
Nebel/Dunst	7500–8500
Wolkenloser Himmel	9000–12.000

Tab. 6: Farbwiedergabeindex verschiedener Lichtquellen

Lichtquelle	Farbwiedergabeindex [R_a]
Glühlampe	Bis 100
LED	80–97
OLED	80–90
Leuchtstofflampe	50–98
Halogen-Metalldampflampe	60–95
Natriumdampf-Hochdrucklampe	18–85
Quecksilberdampf-Hochdrucklampe	45
Natriumdampf-Niederdrucklampe	–44

BELEUCHTUNGSAUFGABEN

Die Planung von Licht und Beleuchtung erfordert grundsätzlich eine ganzheitliche Betrachtung mehrerer Beleuchtungsarten. Zunächst soll die Allgemeinbeleuchtung (oder auch Grundbeleuchtung) für eine gleichmäßige Ausleuchtung eines vordefinierten Bereiches sorgen. Die Akzentbeleuchtung differenziert im nächsten Schritt, indem innerhalb des nun allgemein beleuchteten Bereiches Zonen, beispielsweise Vordergrund und Hintergrund, geschaffen werden. Zudem können besonders hervorzuhebende Punkte oder Oberflächen akzentuiert werden.

Allgemeinbeleuchtung   Die Allgemeinbeleuchtung dient dazu, an allen Stellen eines Raumes eine gleich gute Orientierung zu gewährleisten. Somit sorgt sie dafür, dass die grundlegende Sehaufgabe erfüllt werden kann und der Raum als solcher wahrgenommen wird. > Abb. 2 Da hierzu vorwiegend diffuse Lichtquellen von Nutzen sind, welche die Bildung von Kontrasten, z. B. durch

Abb. 2: Allgemeinbeleuchtung in Wohn- und Konferenzraum

Abb. 3: Beispiele für Akzentbeleuchtung von Objekten und Raumzonen

Schattenwurf oder eine bestimmte Ausrichtung der Lichtstrahlung, verringern, reicht die Allgemeinbeleuchtung in den meisten Fällen nicht aus, um die Funktion des Raumes selbst oder die Aufgabe des Menschen innerhalb des Raumes zu ermöglichen. Hierzu sind in der weitergehenden Planung zusätzliche Schritte vonnöten. Die Allgemeinbeleuchtung wird idealerweise so geplant, dass sie innerhalb eines Raumes auch bei einem Wechsel der Funktion oder Nutzung erhalten bleiben kann.

Die Ausrichtung oder Anordnung von Lichtquellen auf bestimmte Zonen oder Objekte wird als Akzentbeleuchtung bezeichnet. Hierdurch werden Kontraste geschaffen, die durch die Allgemeinbeleuchtung nicht ausreichend hervorgetreten sind. > Abb. 3 Zu diesem Zweck werden bei der Tageslichtnutzung Systeme eingesetzt, welche das Licht lenken oder bündeln, bei künstlichen Lichtquellen gelangen eng strahlende und justierbare Leuchten zur Anwendung. Zur Beleuchtung und Inszenierung von

Akzentbeleuchtung und Beleuchtung von Oberflächen

Abb. 4: Beispiele für die Beleuchtung von Oberflächen

Oberflächen ist eine Kombination der Helligkeit aus der Beleuchtung und dem entstehenden Schatten zu nutzen, um Struktur, Farbgebung und Materialität herauszustellen. Dazu dient oftmals nicht direkt auf die Oberfläche gerichtetes, sondern streuendes Licht oder Streiflicht. > Abb. 4

Beleuchtung von Innen- und Außenräumen

Die Aufgaben der Lichtplanung reichen von der städtebaulichen Beleuchtungsplanung bis zur Beleuchtung eines Einzelobjektes in einer Vitrine. Der Anforderungskatalog umfasst für alle Planungen die allgemeine Lage des Innen- oder Außenraumes, die Raumnutzung, die gewünschte oder geforderte Ausleuchtung sowie die Nutzungszeit. Daraufhin ist ein Konzept zu entwickeln, welches die Anteile von Tages- und Kunstlicht, die Art der künstlichen Lichtquellen und die vorhandenen Einbauten, Objekte und Oberflächen berücksichtigt. In der Folge werden die hierzu zur Verfügung stehenden Planungselemente vorgestellt, und es wird eine Übersicht der möglichen Einsatzgebiete an verschiedenen Planungsszenarien gegeben.

● Beispiel: Bei der Straßenbeleuchtung wird durch das Ausstatten des Straßenraums mit einer ausreichenden Anzahl von Laternen in regelmäßigen Abständen die Allgemeinbeleuchtung gewährleistet. Durch die Anordnung einer größeren Anzahl von Laternen in Kreuzungsbereichen oder reflektierender Beschilderung an Gefahrenpunkten werden diese hervorgehoben, sodass der Mensch diesen Zonen erhöhte Aufmerksamkeit widmet.

○ Hinweis: Die zunehmende Bedeutung der Lichtplanung ist auch daran zu erkennen, dass vermehrt durch städtische Behörden Lichtkonzepte erarbeitet werden, die die Funktionalität und Gestaltung der Lichtplanung im öffentlichen Raum definieren. Ziel dieser teilweise bereits verpflichtenden Konzepte ist die Schaffung eines harmonischen Gesamtbildes der städtischen Beleuchtung.

Planungselemente

TAGESLICHT

Die Nutzung von natürlichem Sonnen- und Himmelslicht ist eine der Kernaufgaben für die Belichtung von Innen- und Außenräumen. Es kann als ausschließliche Lichtquelle oder als Lichtquelle, unterstützt durch künstliches Licht > Kap. Kunstlicht, dienen. Es ist die Aufgabe der Lichtplanung, für eine der nutzerspezifischen Sehaufgabe angemessene Helligkeit zu sorgen. In vielen Fällen, etwa bei Schreib- oder Bildschirmtätigkeiten, ist eine Dosierung des Lichteinfalls notwendig. Dies kann über Blendschutz oder Lichtlenkung erreicht werden. Bei der Tageslichtplanung ist in nahezu allen natürlich belichteten Räumen der sommerliche Wärmeschutz ein Thema, der Sonnenschutzmaßnahmen je nach Orientierung des Raumes notwendig macht. Im Gesamtkonzept der Lichtplanung sollte es Ziel sein, mit möglichst geringem Einsatz von künstlichem Licht die erforderliche Helligkeit bereitstellen zu können.

Das Tageslicht ist natürlichen Schwankungen ausgesetzt. Dabei spielen sowohl die zeitlichen Aspekte (Tageszeit, Jahreszeit), welche insbesondere den Einstrahlungswinkel des Tageslichtes bestimmen, als auch übergeordnete und untergeordnete örtliche Gegebenheiten eine Rolle. Die übergeordneten Punkte sind durch den Planer nicht oder nur in geringem Maße beeinflussbar (Längen-/Breitengrad des Standortes, Topografie, Abstand und Höhe der umgebenden Bebauung/Bepflanzung), untergeordnete Punkte können in der Entwurfsaufgabe beeinflusst werden (Ausrichtung von Gebäuden und Räumen, Belichtungsflächen). ○

Tageslichtnutzung in Innenräumen

Für das Wohlbefinden ist die Nutzung des Tageslichtes zur Belichtung von Innenräumen von großer Bedeutung. Der menschliche Organismus ist auf das tägliche Verschwinden und Wiederkehren von natürlichem Licht eingestellt, der Schlaf-Wach-Rhythmus wird davon ebenso wie die Hormonausschüttung und die Stoffwechselfunktionen gesteuert. Dieser

○ **Hinweis:** Um die Ausrichtung von Gebäuden und die daraus resultierenden Einstrahlungsfaktoren zu planen, können Sonnenstandsdiagramme (siehe Abb. 5) herangezogen werden, welche tages- und jahreszeitabhängige Werte wiedergeben. Beispielhaft sind diese für Kerngebiete Deutschlands in der DIN 5034-2 aufgeführt.

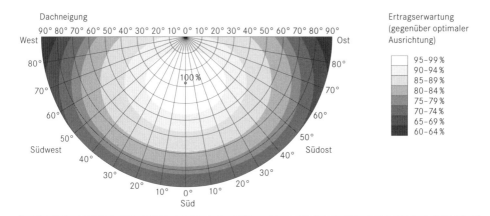

Abb. 5: Beispielhaftes Sonnenstandsdiagramm

Rhythmus bestimmt nicht nur die allgemeine Wahrnehmung, sondern beeinflusst den Menschen auf physische und psychische Art. Das menschliche Auge bewertet bestimmte Lichtsituationen.

Die Nutzung von Tageslicht in der Lichtplanung hat durch diese Verknüpfung grundlegend positive Effekte auf das menschliche Befinden. Auch aus energetischer Sicht ist die Nutzung von natürlichem Licht vorteilhaft, da bei jeder Verwendung von Kunstlichtquellen zusätzliche elektrische Energie zur Beleuchtung notwendig wird. Auch erreicht das Sonnenlicht Farbtemperaturen, welche der Mensch als angenehm empfindet und die durch künstliches Licht nur schwer oder gar nicht wiedergegeben werden können.

Die genannten Probleme, denen der Lichtplaner begegnet (begrenztes Vorhandensein des natürlichen Lichtes im Tagesverlauf, saisonale Unregelmäßigkeiten usw.), führen zu weitergehenden Lösungsmöglichkeiten. Es werden Maßnahmen zur Lenkung und Dosierung des Lichtes eingesetzt, um einen Lichtabfall in die Tiefe des Raumes zu verhindern sowie Blendung zu vermeiden und den Wärmeeintrag zu regulieren. Hierbei ist in der Planungsphase speziell auf die Raumnutzung einzugehen. Insbesondere für Arbeitsplätze bestehen normative Anforderungen, denen durch ausschließlichen Einsatz von Sonnenlicht kaum nachzukommen ist.

Planungselemente zur Tageslichtnutzung

Bei der Tageslichtplanung gibt es verschiedene Elemente, welche zur Nutzung des natürlich vorhandenen Lichts eingesetzt werden können. Geht es in Außenbereichen zumeist eher um die Beschränkung der Einstrahlung, um Blendung zu vermeiden, oder den Sonnenschutz, so sind für Innenräume genaue Analysen bei der Schaffung von Tageslichtöffnungen vorzunehmen.

Abb. 6: Verschiedene Fensterformen und -typen

Nahe liegende Möglichkeiten, einen Raum mit Tageslicht zu versor- Fenster
gen, sind Öffnungen in der raumumfassenden Hülle. Größe, Lage, Aufteilung und Materialien der Fenster sind dafür verantwortlich, dass trotz der
Fenster nur ein notwendiger Teil des Lichtes in die Innenräume dringt,
um Überbelichtung oder zu hohe Wärmeentwicklung zu vermeiden. Das
Fenster ist bei der Tageslichtplanung das Element, welches die größte
Gestaltungsvielfalt bietet – aber auch höchst umfangreiche Anforderungen erfüllen muss:

— Größe
  Die Größe der Fensteröffnung ist in der heutigen Architektur nahezu
  frei bestimmbar. Mit konstruktivem Aufwand können Fassaden und
  Dächer äußerst transparent gestaltet werden. Mit größeren Fensterflächen steigen allerdings auch die Anforderungen an Statik, Sonnenschutz und Wärmeschutz.

— Form
  Auch in der Formgebung der Fenster sind diverse Varianten möglich,
  runde und trapezförmige Fenster können ebenso realisiert werden
  wie gebogene Elemente und breite Fensterbänder mit zahlreichen
  nebeneinander angeordneten Einzelfenstern. > Abb. 6

— Lage und Anordnung
  Sowohl die Lage in der Gebäudehülle (Außenwand, Kellerfenster,
  Dachflächenfenster, Oberlicht, Innenhof) als auch die Lage im zuge-
  ordneten Raum (raummittig, Eckfenster) ist zu bedenken. Zudem
  kann sich das Fenster in einer bestimmten Bauteilschicht befinden
  und in der Laibung verschieden positioniert werden (außen-/innen-
  bündig, vorgehängte Verglasung). > Abb. 7

Abb. 7: Fenster im Innenhof, in einer Gebäudeecke und als Oberlicht

Abb. 8: Fenster mit verschiedenen Glas- und Rahmen-Anteilen und Sprossenfenster

— Verhältnis von Glas und Rahmen und Fensteraufteilung
Grundsätzlich gilt: je größer das Fenster, desto höher der Glasanteil gegenüber den Rahmenprofilen. Mit zusätzlichen Sprossen und Riegeln kann darüber hinaus eine gestalterische oder konstruktive Aufteilung vorgenommen werden. > Abb. 8

— Materialien von Glas und Rahmen
Die Verglasung spielt für den Blend- und Sonnenschutz sowie den Wärmeschutz eine besondere Rolle. Klare Gläser sorgen für hohe Belichtung, aber auch einen höheren Wärmeeintrag. Durch Einfärbung können die Lichteinträge verringert, durch Mehrfach-Verglasungen die Dämmeigenschaften verbessert werden. Bei den Rahmenkonstruktionen können Holz-, Kunststoff- und Metallwerkstoffe (z. B. Aluminium oder Stahl) oder Kombinationen aus den genannten Materialien verbaut werden.

Neben der direkten Einbringung von Tageslicht durch Öffnungen in der Außenhaut kommen indirekte Systeme zur Lichtlenkung oder Lichtleitung zum Einsatz, die für einen dosierten, gestreuten oder gerichteten Lichteinfall sorgen. Die Tageslichtlenkung erfolgt vorwiegend außenliegend oder innerhalb der Fensterebene mit direkter Reflexion oder Streuung des Sonnenlichtes. Hierzu können herkömmliche Systeme wie Lamellen und Jalousien genutzt werden, welche zusätzlich auch Funktionen des Sonnenschutzes übernehmen, oder lichtlenkende Gläser, bei denen im Glaszwischenraum reflektierende oder spiegelnde Elemente integriert werden. Für die Überbrückung größerer Strecken bei tieferen Räumen sind zusätzlich lichtleitende Maßnahmen erforderlich. Dabei müssen aber nicht unbedingt konstruktiv komplizierte und kostenintensive Lösungen wie Lichtkamine, Lightpipes oder Sonnenleuchten installiert werden > Abb. 9, die in den meisten Fällen ohnehin zu aufwendig oder technisch nicht lösbar sind. Gezielt gewählte Oberflächenstrukturen der Wände und Decken im Innenbereich und Anstriche in hellen Farben mit hohem Reflexionsgrad sind meistens ausreichend, um auch ungünstig geschnittene Grundrissformen ausreichend mit Tageslicht zu versorgen. ○

Zur indirekten natürlichen Beleuchtung innenliegender Räume ohne direkten Außenbezug, z. B. Flurbereiche in Bürogebäuden, können lichtdurchlässige Elemente in Wänden und Türen vorgesehen werden. Hier sind, ähnlich wie bei der Fensterverglasung, klare oder getönte Verglasungen oder transluzente Glaselemente dienlich. Nur in seltenen Fällen genügt in solchen Räumen allerdings diese Art der Beleuchtung. Sicherheitstechnische Gründe (Fluchtweg-/Sicherheitsbeleuchtung) und die Begehbarkeit verlangen in der Regel zusätzlich eine dauerhafte künstliche Beleuchtung.

Lichtmanagement für die Tageslichtplanung schließt immer technische Bestandteile ein. Meist implementiert man mit dem Lichtmanagement auch die Zuschaltung der künstlichen Lichtquellen eines Raumes. Mit Hilfe der tageslichtabhängigen Beleuchtungssteuerung, z. B. der DALI-Steuerung (Digital Addressable Lighting Interface), kann ein selbstständig

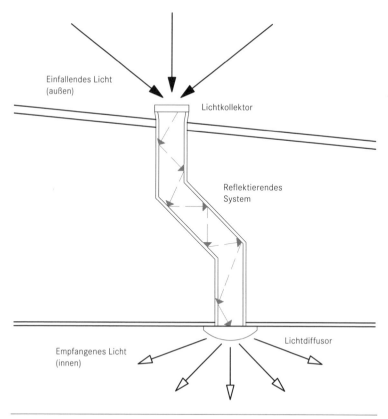

Abb. 9: Funktionsprinzip von Lichtkamin, Lightpipe und Sonnenleuchte

arbeitendes System das händische Lichtmanagement durch Schalten und Dimmen bedarfsgerecht unterstützen oder ersetzen. Über Sensoren werden Daten zur Raumhelligkeit aufgenommen, welche bei Erreichen von Grenzwerten das Zu- oder Abschalten von Raumbeleuchtung auslösen. Zur Anwendung kommt eine solche Beleuchtungssteuerung hauptsächlich in Büro und Gewerbe, da Lichtszenarien vorprogrammiert und Leuchtengruppen bestimmten Szenarien zugeordnet werden können. Jedoch wird die Steuerung auch im privaten Bereich immer öfter verbaut. Die DALI-Steuerung kann mit Hilfe bestimmter Schnittstellen wie den Bus-Systemen EIB (Europa) oder LON (USA) auch in ein übergeordnetes haustechnisches Gebäudemanagement integriert werden, in dem Sonnenschutz, Klimaanlagen, Raumlufttechnik, Heizung oder Kühlung abhängig voneinander gesteuert werden. > Abb. 10

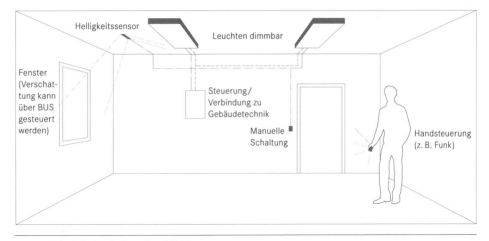

Abb. 10: Beispielhafter Aufbau einer DALI-Steuerung

Sonnenschutz und Blendschutz

Die äußeren Gegebenheiten wie benachbarte Bebauung, Vegetation, Gebäudeform oder Lage des Raumes im Gebäude können zur Reduzierung und Dosierung des Lichteinfalls in dem zu beplanenden Bereich führen. Reicht dies allerdings nicht aus, um den Licht- und Wärmeeintrag auf das notwendige Maß einzudämmen, werden zusätzliche Systeme zum Sonnen- oder Blendschutz benötigt. Diverse Systeme können vor der Fassade oder dem Fenster, innenliegend oder in der Fensterebene positioniert werden. Dabei kann es notwendig sein, das Sonnenlicht komplett zu blockieren, nur die direkte Einstrahlung abzuwenden oder einen bestimmten Teil des Lichtes zu filtern. Idealerweise ist das System individuell regelbar, sodass es an verschiedene Bedarfsfälle im Innenbereich und an die Wettersituation außen angepasst werden kann, eine ausreichende Lüftung auch im „geschlossenen" Zustand ermöglicht und leicht zu bedienen ist. Nicht zuletzt sind wirtschaftliche und konstruktive Aspekte zu betrachten.

Aus wärmeschutztechnischer Sicht bieten außenliegende Systeme den meisten Nutzen, da sie die Sonnenstrahlung bereits vor dem Fensterelement abfangen und so ein Aufheizen des in der Fassade liegenden Bauteils verhindern. Systeme wie Jalousien oder Raffstores nutzen starre oder bewegliche, in der Regel horizontale Lamellen, welche einen nutzungsoptimierten Anteil der Einstrahlung ab- oder umlenken. Durch reflektierende oder matte Beschichtungen der Lamellen kann Einfluss auf den umzulenkenden oder auszublendenden Anteil der Einstrahlung genommen werden. Besonders vorteilhaft ist die Möglichkeit, je nach Sonnenstand mit justierbaren Lamellen direkte Einstrahlung zu verhindern, gleichzeitig aber die Sicht nach außen weiterhin zu ermöglichen.

Außenliegende Konstruktionen

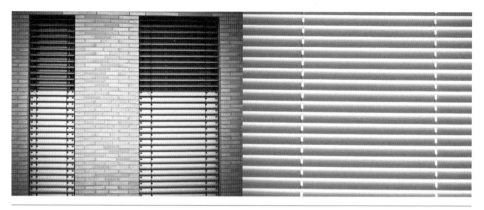

Abb. 11: Außenliegende Raffstores mit beschichteten Metall-Lamellen

Abb. 12: Markise zur Verschattung der Fensterelemente

Markisen arbeiten nach dem Prinzip, durch Schattenbildung auf die Fassadenöffnung die Einstrahlung zu verhindern oder zu begrenzen. > Abb. 12 Auch sie sind in der Regel ein- und ausfahrbar (Roll- und Faltmarkisen) und können zusätzlich auch für Wetterschutz sorgen. Die verwendeten Materialien, hauptsächlich Kunststoffgewebe wie Acryl oder Polyester, sowie verschiedene Einfärbungen bestimmen das Maß der Strahlungs- und Lichtdurchlässigkeit.

Für alle außenliegenden Konstruktionen ergibt sich ein erhöhter Reinigungsaufwand durch Witterungseinflüsse. Ebenso muss bei Lamellenkonstruktionen die Windanfälligkeit beachtet werden. Häufig werden aus diesem Grund Windwächter an der Fassade angebracht, welche bei Überschreiten von vordefinierten Grenzwerten das automatische Einfahren der Jalousien oder Markisen auslösen.

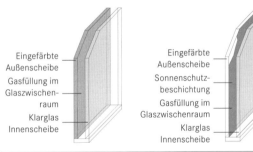

Eingefärbte
Außenscheibe
Gasfüllung im
Glaszwischen-
raum
Klarglas
Innenscheibe

Eingefärbte
Außenscheibe
Sonnenschutz-
beschichtung
Gasfüllung im
Glaszwischenraum
Klarglas
Innenscheibe

Abb. 13: Innenliegender Blendschutz durch vollständig oder teilweise geschlossene Plisseeanlage

Abb. 14: Beispielaufbauten beschichteter und eingefärbter Verglasung

Bei den im Innenbereich installierten Systemen handelt es sich häufig um unmittelbar vor der Verglasung montierte Rollos oder Plissees. > Abb. 13 Auch herkömmliche Gardinen oder Vorhänge sorgen für Blendschutz und teilweise auch für Lichtstreuung. Wie bei den Markisen kann die Transparenz mit der Wahl des Materials und der Farbe bestimmt werden. Leichte Wartung, Reinigung und Montage sind Vorteile gegenüber außenliegenden Elementen. Häufig werden innen- und außenliegende Systeme kombiniert, um eine möglichst individuelle Anpassung an die gewünschte Lichtsituation vornehmen zu können.

Innenliegende Konstruktionen

Die gängigste Variante, mit Hilfe der Verglasung von Fensterelementen die Sonneneinstrahlung in Räume und Gebäude zu begrenzen, ist die Sonnenschutzverglasung. Bei der Herstellung von Sonnenschutzglas unterscheidet man das Verfahren, die Gläser einzufärben, wodurch ein Teil der einstrahlenden Sonnenenergie absorbiert wird, und das Verfahren, die Gläser zu beschichten, bei Mehrscheibenfenstern üblicherweise an der Innenseite der außenliegenden Scheibe. Letzteres hat eine Reflexion der Sonneneinstrahlung zur Folge. > Abb. 14 Eine Sonnenschutzverglasung

Verglasung

○ **Hinweis:** Auch durch Sonnenwächter, welche bei zu starkem Energieeintrag die Sonnenschutzelemente herunterfahren, entstehen für die Lichtplanung ungewollte Situationen. So muss gegebenenfalls trotz ausreichend vorhandenen Sonnenlichts bei heruntergefahrenen Raffstores in Innenräumen Kunstlicht benutzt werden. Derartige Konstellationen sind bei der Planung zu berücksichtigen.

Abb. 15: Beispiele für Milch- und Kapillarglas

ermöglicht die Reduzierung der Sonneneinstrahlung um 50–80 %, die herstellerspezifischen Werte werden durch den g-Wert der jeweiligen Verglasung dargestellt.

Soll zusätzlich zum allgemeinen Sonnenschutz auch die Durchsicht durch die Verglasung vermieden werden, ohne jedoch den Lichttransport gänzlich zu unterbinden, kommen zumeist <u>Milchglas oder transluzente Gläser</u> zur Anwendung. Hierbei werden durch Ätzverfahren, Siebdruck, Sandstrahlen, verschiedenste Beschichtungen oder Folierung vielseitige Gestaltungsvarianten ermöglicht. Soll eine möglichst hohe Streuung des einfallenden Lichts erreicht werden, bietet <u>Kapillarglas</u> eine kostenintensive, aber gestalterisch interessante Variante. Hier ist im Glaszwischenraum eine transluzente Wärmedämmung aus einem Gewebe mit Hohlkammern eingebracht, wodurch ein hoher Transmissionsgrad der Gesamtkonstruktion erreicht wird.

○ **Hinweis:** Der g-Wert gibt den Gesamtenergiedurchlassgrad der Sonnenschutzverglasung an, also sowohl den direkten Transmissionsanteil der Sonnenenergie als auch den Energieanteil an Strahlungs- und Wärmeübertrag, welcher durch die Verglasung an den Raum abgegeben wird. Ein geringer g-Wert zeugt von hohem Sonnenschutz. Sonnenschutzgläser haben üblicherweise einen g-Wert von 0,3–0,5, was bedeutet, dass 30–50 % der Sonnenenergie den Innenraum erreichen. Hochwertige Gläser können heutzutage mit einem g-Wert bis zu 0,15 hergestellt werden.

Abb. 16: Doppelschalige Profilglaskonstruktion mit innenliegender, transluzenter Wärmedämmung

Abb. 17: Beispiel für deaktivierte und aktivierte schaltbare Verglasung

Eine spezielle Bauart transluzenter Gläser stellt das Profilglas dar. Es wird im Gussverfahren in einer U-Form hergestellt, wodurch es besonders stabil ist und in großen Bauhöhen realisiert werden kann. Neben der Anwendung als lichtstreuendes Element in einer Fassadenöffnung wird es auch häufig als Fassadenbekleidung eingesetzt. Als doppelschaliges Element in Verbindung mit einer transluzenten Dämmstoff-Einlage kann es darüber hinaus als nichttragendes Außenwand-Bauteil verbaut werden. > Abb. 16

Schaltbare Gläser reduzieren über ihre Sonnen- und Blendschutzfunktion hinaus auch den Wärmeeintrag, indem sie durch einen elektrischen oder thermischen Impuls die Farbe ändern oder eingetrübt werden. Im Gegensatz zu den dauerhaft eingefärbten Sonnenschutzgläsern sind sie im nicht aktivierten Zustand klar. Da sich verschiedene Varianten derzeit noch in der Entwicklung befinden und noch sehr kostenintensiv sind, werden sie im Wohnungsbau und bei Bürogebäuden bislang nur selten eingesetzt. > Abb. 17

KUNSTLICHT

Bei innenliegenden Räumen sind oftmals ausschließlich künstliche Lichtquellen einsetzbar und aufgrund der großen Vielfalt an Lichtfarben und vielseitigen Möglichkeiten der Ausrichtung, Steuerung und Modellierung sogar gewünscht. Allerdings ist ein dauerhafter Aufenthalt in nur mit künstlichen Lichtquellen ausgestatteten Räumen problematisch. Kunstlicht kann die Nutzung eines Raumes verdeutlichen, indem durch Gestaltung und Inszenierung Blickpunkte geschaffen oder gewohnte Situationen bewusst nachgestellt werden. Im Gegensatz zum Tageslicht ermöglicht Kunstlicht eine langfristig konstante Beleuchtung und Lichtverteilung.

Bei der Verwendung von Kunstlicht spielen Wirtschaftlichkeitsfaktoren und umwelttechnische Gesichtspunkte eine wichtige Rolle. Im Zuge von Lichtberechnungen und Lichtsimulationen müssen Lichtverteilung und Lichtmengen ebenso berücksichtigt werden wie der Stromverbrauch und die Nachhaltigkeit (Wartung und Entsorgung), um Kosten und Nutzen gegenüberzustellen. Darüber hinaus sind umfassende Normen und Richtlinien für diverse Lichtanwendungen vorhanden, mit denen sich der Planer auseinanderzusetzen hat.

Planungselemente zur Kunstlichtnutzung

Künstliche Lichtquellen
Künstliche Lichtquellen erzeugen Licht durch Zuführung eines elektrischen Stromflusses. Immer mehr Anforderungen verschiedenster Art haben zur Entwicklung unterschiedlicher Leuchtmittel geführt, die zu verschiedenen Zwecken eingesetzt werden können.

Temperaturstrahler
Leuchtmittel, welche über einen glühenden Metallfaden Licht erzeugen, werden als Temperaturstrahler bezeichnet. > Abb. 18 Energetisch sind Glühlampen oder Halogen-Glühlampen im Vergleich zu anderen Leuchtmitteln wenig effizient, da Lichtausbeute und Lebensdauer gering sind. Allerdings gehören die Temperaturstrahler zu den Lichtquellen, deren Licht als warm und somit zumeist angenehm empfunden wird. Das Licht erscheint bei Abwesenheit von natürlichem Licht zwar auch als weißes Licht, wird aber eine Fläche teilweise von Tageslicht und teilweise von einer Glühlampe beleuchtet, so ist die Farbwirkung deutlich gelblicher als die des Sonnenlichts. Die klassische Allgebrauchs-Glühlampe, die mittlerweile nicht mehr im Handel vertrieben werden darf, bildet den Ausgangspunkt aller Kunstlichtplanung und der Entwicklung moderner Leuchtmittel.

Entladungslampen
Entladungslampen erzeugen Licht, indem elektrischer Strom durch ein Gas geleitet wird, welches sich in einem abgeschlossenen Leuchtkörper befindet. > Abb. 19 Unterschieden wird dabei je nach Betriebsdruck zwischen Hochdruck-Entladungslampen (Halogen-Metalldampflampen, Natriumdampf-Hochdrucklampen, Quecksilberdampflampen) und Niederdruck-Entladungslampen (Induktionslampen, Leuchtstoff-/Kompaktleuchtstofflampen, Natriumdampf-Niederdrucklampen). Speziell die Natriumdampf-Niederdrucklampe zeichnet sich durch eine deutlich höhere

Abb. 18: Temperaturstrahler – herkömmliche Glühlampen und Halogen-Glühlampen

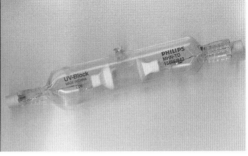

Abb. 19: Beispiele für Entladungslampen

Lebensdauer als Temperaturstrahler aus. Bei einer vergleichbaren Licht-
mengenabgabe ist zudem der Energiebedarf erheblich geringer. Allerdings
sind alle Entladungslampen hinsichtlich der Farbwiedergabe deutlich eingeschränkt. Während die Niederdruck-Entladungslampen, insbesondere
in Form der Leuchtstoffröhre, im nicht privaten Bereich vielfältig eingesetzt werden, gelangen Hochdruck-Entladungslampen vor allem in Bereichen wie Straßen- oder Industriebeleuchtung zur Anwendung.

Bei Elektrolumineszenz-Lampen wird Strahlung durch den Aufbau
von Spannung und Stromfluss auf einen Halbleiter erzeugt, ohne dabei
thermische Energie wie bei den Temperaturstrahlern freizusetzen. Die
Lichtquelle strahlt mit gleichmäßiger Leuchtdichte in alle Richtungen ab.
Die gebräuchlichste Form ist die Leuchtdiode (LED), welche durch Filte-
rung oder Auswahl des Halbleiterwerkstoffes verschiedene Farbtöne wiedergeben kann. In Form der Standard-Glühbirne hergestellte LED-Leuch-
ten haben mittlerweile die Glühlampe abgelöst, sie werden mit den

Elektrolumineszenz-
Lampen

gleichen Fassungen und Gewinden produziert. > Abb. 20 Der höhere Materialpreis wird durch längere Lebensdauer und gleichmäßige Lichtverteilung wettgemacht. Sonderformen wie <u>Organische Leuchtdioden (OLED)</u> oder <u>Elektro-Lumineszenz-Folien</u> finden vorwiegend in der Computer- und Bildschirmtechnik Verwendung. Sie zeichnen sich durch hohe Biegsamkeit aus, Lichtstrom und Leuchtdichte sind geringer als bei den herkömmlichen LEDs. In der architektonischen Lichtplanung sind ihre Haupteinsatzgebiete Räume, welche gleichmäßig und flächig beleuchtet werden sollen.

Leuchten

Der Beleuchtungskörper, welcher zur Aufnahme des Leuchtmittels oder der Lampe dient, wird als Leuchte bezeichnet. Die Leuchten sind zumeist nicht auf eine Beleuchtungsart oder ein bestimmtes Leuchtmittel beschränkt, sondern können verschiedene, den Fassungen und Anschlüssen entsprechende Leuchtmittel aufnehmen. Eine Aufteilung in Kategorien ergibt sich nach der Montageart und dem Montageort. Aufgrund der immer höher werdenden Gestaltungsanforderungen kombinieren Hersteller heutzutage verschiedenste, nach Form und Design abgestimmte Leuchtentypen in einzelnen Baureihen.

Außenleuchten

Im Außenbereich kommen Außenleuchten verschiedenster Ausführung sowohl im privaten (Garten- und Wegebeleuchtung) als auch im öffentlichen Bereich zur Ausführung. Für öffentliche Funktionen wie Straßen- und Wegebeleuchtung werden hauptsächlich Mastleuchten („Laternen") > Abb. 21 oder über die Straße gespannte Hängeleuchten, verwendet. Im Privatgebrauch werden auch Wandleuchten als Eingangsbeleuchtung oder Strahler zur Akzentuierung von Hausfassaden eingesetzt.

In Parkbereichen und an öffentlichen Plätzen besteht ein größerer Gestaltungsspielraum. Beleuchtete oder selbstleuchtende Stelen, Pollerleuchten und (ausrichtbare) Strahler finden ebenso Verwendung wie Bodeneinbau- und Wandleuchten oder in Sockeln und Treppenstufen eingebaute Varianten. > Abb. 22

○ **Hinweis:** Aufgrund des höheren Nutzeraufkommens werden Außenleuchten für öffentliche Bereiche auch in vandalismussicherer Ausführung hergestellt. Dies wird durch stabilere Materialien der Einfassungen und Befestigung sowie bruchsichere Abdeckungen der Leuchtmittel erreicht. Gegen Zerstörung durch bewusste Gewalteinwirkung können allerdings auch diese Materialien nicht schützen.

Abb. 20: Elektrolumineszenz-Lampen

Abb. 21: Beispiele für Mastleuchten

Abb. 22: Pollerleuchteund Treppenbeleuchtung im öffentlichen Bereich

Tab. 7: IP-Schutzarten für Leuchten nach DIN EN 60529

Fremdkörperschutz/Berührungsschutz		Wasserschutz	
Ziffer	Schutzklasse	Ziffer	Schutzklasse
0	Nicht geschützt	0	Nicht geschützt
1	Geschützt gegen feste Fremdkörper > 50 mm, geschützt gegen großflächiges Berühren	1	Geschützt gegen Tropfwasser
2	Geschützt gegen feste Fremdkörper > 12 mm, geschützt gegen Berühren mit dem Finger	2	Geschützt gegen Tropfwasser (unter 15° Abweichung zur Senkrechten)
3	Geschützt gegen feste Fremdkörper > 2,5 mm, geschützt gegen Berühren mit Werkzeugen, Drähten usw.	3	Geschützt gegen Tropfwasser (unter 60° Abweichung zur Senkrechten)
4	Geschützt gegen feste Fremdkörper > 1 mm, geschützt gegen Berühren mit Werkzeugen, Drähten etc.	4	Geschützt gegen Spritzwasser
5	Geschützt gegen Staub, vollständig geschützt gegen Berühren unter Spannung	5	Geschützt gegen Strahlwasser
6	Dicht gegen Staub, vollständig geschützt gegen Berühren unter Spannung	6	Geschützt gegen schwere See
		7	Geschützt gegen die Folgen von Eintauchen
		8	Geschützt gegen Untertauchen

Bei der Wahl einer geeigneten Außenleuchte ist auf die notwendige Schutzart zu achten. Diese definiert, inwiefern die Leuchte gegen externe Einwirkungen (mechanisch und durch Wasser) geschützt ist. Die Angabe erfolgt dabei durch die Kennzeichnung „IP" sowie zwei darauffolgende Ziffern. > Tab. 7

Deckenleuchten

Die im privaten und gewerblichen Bereich am häufigsten verwendete Leuchtenform ist die Deckenleuchte. Diese erlaubt eine oftmals freie Positionierung und Zuordnung zu bestimmten Nutzungsbereichen und Funktionen. Wird die Leuchte deckenbündig verbaut, beispielsweise in einer abgehängten Decke, spricht man von einer Einbauleuchte. Eine Sonderform der deckeneingebauten Leuchten ist die Rasterleuchte. Innerhalb eines elementierten Deckensystems ersetzt die Rasterleuchte einzelne Deckenelemente oder bildet bei großflächigem Einsatz im Prinzip selbst die Decke. Im Gegensatz zu den eingebauten Leuchten bezeichnet man direkt auf der Decke montierte Leuchten mit sichtbarem Leuchtkörper als Anbauleuchte. Die Anbauleuchte gibt es in nahezu allen vorstellbaren Formen und Farben. > Abb. 23 Sie dient nicht nur als Lichtquelle, sondern stellt auch ein architektonisches Gestaltungselement dar. Eine weitere Sonderform der Deckenleuchte ist die Pendelleuchte (oder abgependelte Leuchte). Diese als Solitär oder gereiht von der Decke abgehängte Leuchte wird genutzt, um die Lichtquelle auf einen besonders hervorzuhebenden Bereich

Abb. 23: Beispiele für Deckenleuchten

Abb. 24: Beispiele für Wandleuchten

auszurichten oder in hohen Räumen wie mehrgeschossigen Foyers und Hallen eine zu breite Streuung des Lichts zu verhindern. In Privatwohnungen nutzt man diesen Leuchtentyp hauptsächlich über dem Esstisch, in Büros über Tischen in Konferenz- oder Besprechungsräumen. Die Pendelleuchten können aufgrund ihrer Lage im Raum sowohl Bereiche unterhalb der Leuchte als auch den Deckenbereich ausleuchten, wenn das gewählte Produkt eine Lichtdurchlässigkeit nach oben ermöglicht.

Wandleuchten werden in Innenräumen als Ergänzung der Grundbe- Wandleuchten
leuchtung in ansonsten ungenügend ausgeleuchteten Räumen oder als Akzentbeleuchtung besonders zu betonender Bereiche eingesetzt. Die Abstrahlung ist in der Regel nach oben oder nach unten gerichtet, eine direkte Lichtführung in den Innenraum wird zumeist vermieden. Im Außenbereich wird die direkt abstrahlende Leuchte häufiger eingesetzt.

> Abb. 24

Abb. 25: Beispiele für Stehleuchten

Abb. 26: Beispiele für Tischleuchten

Stehleuchten | Aus Gründen der Flexibilität werden in privaten Nutzungen oder in Büros Stehleuchten vorgesehen, welche nicht ortsgebunden montiert sind. Je nach Raumnutzung und Raumbelegung sind die Leuchten frei positionierbar. Für den Einsatz in Bestandsgebäuden mit niedrigen Raumhöhen, in denen keine abgehängten Decken oder Deckenanbauleuchten genutzt werden können, stellen Stehleuchten ebenso eine ideale Alternative dar. > Abb. 25

Tischleuchten | Ähnlich wie die Stehleuchten werden Tischleuchten als variabel positionierbare Beleuchtung eingesetzt, sie besitzen jedoch kleinere und noch flexiblere Formate. Die Schreibtischleuchte ist hierfür ein typisches Beispiel. Die Tischleuchten und Stehleuchten werden mittlerweile auch mit eingebauter Helligkeitssensorik und automatischer Dimmfunktion ausgestattet. > Abb. 26

Die allgemeine Beleuchtungssteuerung umfasst längst nicht mehr nur den herkömmlichen Lichtschalter, welcher maximal noch durch zusätzliche Dimmer ergänzt werden kann. Je nach Leuchte und Leuchtmittel sind Vorschaltgeräte, Transformatoren oder Zündauslöser notwendig, welche in der haustechnischen Planung berücksichtigt werden müssen. Ebenso ist die Integration in Gesamtsysteme der Gebäudetechnik geboten, wenn ein Zusammenspiel der künstlichen Beleuchtung mit anderen Funktionen wie der Gebäudeautomation oder der optimierten Tages- und Kunstlichtmischung vorgesehen ist.

Sowohl die Positionierung der steuernden (Fühler, Melder usw.) und gesteuerten (Beleuchtung, Sonnenschutz, Lüftung usw.) Elemente als auch die Art der Steuerung sind mittlerweile sehr vielfältig. Die Steuerung kann durch zeitlich terminierte Systeme erfolgen, welche durch Vorprogrammierung uhrzeitbedingt arbeiten, oder durch Ein- und Ausschaltungen, die durch Bewegungsmelder veranlasst werden. Lichtabhängige Anlagen, welche im Innenraum oder mit Hilfe eines Außensensors tageslichtabhängig Beleuchtungszeiten und Beleuchtungsstärke regeln, sind eine weitere Möglichkeit.

■ **Tipp:** Wichtiger und leider häufig vernachlässigter Planungsbestandteil ist die sinnvolle Positionierung der Schalter und sonstigen Steuerelemente.
Oftmals finden sich – und das nicht nur beim Bauen im Bestand – Lichtschalter nach Fertigstellung der Leistungen hinter Türblättern oder in sonstigen unzugänglichen Bereichen.

Planungsszenarien

Ziel der Lichtplanung ist es, die Planungselemente, welche zur Verwendung von Tageslicht und Kunstlicht zur Verfügung stehen, in die jeweilige Planungsaufgabe sinnvoll einzubinden und zu kombinieren. Dabei gibt es verschiedenste öffentliche oder private Einsatzgebiete, bei denen oftmals die Verwendung bestimmter Elemente von Vorteil ist, andere hingegen aus technischen Gründen nicht eingesetzt werden dürfen oder aus gestalterischer Sicht nicht eingesetzt werden sollten.

STRASSEN- UND AUSSENRAUMBELEUCHTUNG

Die Hauptaufgabe der Straßenbeleuchtung ist es, die Sicherheit der Verkehrsteilnehmer zu gewährleisten. Planungsgrundlage sind in Normen und Richtlinien enthaltene Werte, welche insbesondere bei Fußgängerverkehr anzuwenden sind. Die Bestandteile der üblichen Straßenbeleuchtung sind Trägersystem, Gehäuse, Vorschalt- oder Zündgeräte, Lichtlenksysteme (Spiegel) und das Leuchtmittel. Die häufigste Ausbildung ist die „Laterne" mit einem Mastträger mit aufgesetztem Gehäuse aus faserverstärktem Kunststoff. > Abb. 27 Die Betriebsgeräte zum Vorschalten oder Zünden sind notwendig, da als Leuchtmittel Natriumdampf- oder Quecksilberdampflampen und Leuchtstofflampen eingesetzt werden. Immer häufiger werden für moderne Straßenleuchten mittlerweile auch LED-Lampen vorgesehen. Die Verwendung der Hochdruck-Natriumdampflampen stellt derzeit noch die wirtschaftlichste Variante dar, da sie über eine sehr lange Lebensdauer verfügen und durch eine deutlich kompaktere Bauform als die der Niederdrucklampen den notwendigen Energieeinsatz minimieren.

Ein- und Abschalten der Straßenbeleuchtung erfolgt in der Regel über eine zentrale Steuerung, die nach zeitlicher Vorgabe oder mit Helligkeitssensoren bei Dämmerung den Einschaltvorgang auslöst.

Beleuchtung von Parkplätzen und Parkgaragen

Die oben dargestellten Bauformen der Straßenbeleuchtung lassen sich prinzipiell auch auf Parkplätze übertragen, sofern diese sich im Freien befinden. > Abb. 28 Die Mastleuchte ist auch hier die hauptsächlich verwendete Variante. Je nach Größe des Parkplatzes ist die Höhe der Lichtquelle anzupassen. Bei kleineren Parkplätzen sind Bauhöhen bis 4,50 m sinnvoll, bei größeren Flächen bis zu 12 m. Die Lichtführung sollte weniger gelenkt werden, das Licht sollte flächig abstrahlen, um eine gleichmäßige Lichtverteilung über die Gesamtfläche zu erreichen. Für alle Parkplatzbereiche gelten zudem Richtwerte > Tab. 8, die ein allgemeines Sicherheitsgefühl gewährleisten, da Gesichter entgegenkommender Personen erkannt werden müssen.

Abb. 27: Beispiele für Straßen- und Außenraumbeleuchtung

Abb. 28: Beispiele für Parkplatzbeleuchtung

Tab. 8: Notwendige Beleuchtungsstärken für Parkplätze und Parkgaragen

Einsatzgebiet	Beleuchtungsstärke [lx]
Parkplatz im Freien (halbzylindrische Beleuchtungsstärke)	1,5–5
Parkgarage/Parkhaus	10
Fahrwege/Stellplätze (mittlere Beleuchtungsstärke)	75
Ein- und Ausfahrten tagsüber	300
Ein- und Ausfahrten nachts	75

○ **Hinweis:** Für die Allgemeinbeleuchtung von Parkplätzen sind Richtwerte zu erreichen, welche an einem beliebigen Punkt des genutzten Raumes gemessen werden. Für das Sicherheitsempfinden bezieht sich die notwendige Beleuchtungsstärke auf einen halbzylindrischen Bereich in Höhe von 1,50 m, in welchem ein zum Betrachter gewandtes Gesicht angenommen wird.

Abb. 29: Beispiele für die Beleuchtung von Tiefgaragen und Parkhäusern

Bei Parkhäusern, insbesondere Tiefgaragen, ist die Planungsaufgabe differenzierter. Neben der Allgemeinbeleuchtung sind die Beleuchtung der Ein- und Ausfahrten, Stellplätze, Fahrwege und die Wegeführung für Fußgänger zu berücksichtigen. Um der Latenz des Auges zur Anpassung an die geänderte Helligkeit bei Ein- und Ausfahrt in die Parkgaragen entgegenzukommen, sind in diesen Übergangsbereichen verschiedene Beleuchtungsstärken für den Tag- und Nachtbetrieb notwendig. Durch weiße oder hell getönte Wand- und Deckenbeläge (ideal: neutralweiß) wird die Wirkung der Beleuchtung unterstützt. > Abb. 29

Beleuchtung von Parks und Plätzen
Bei der Beleuchtung von Parks und öffentlichen Plätzen ist die notwendige Beleuchtungsstärke zur Gewährleistung von Sicherheitsaspekten ein wichtiges Kriterium. Darüber hinaus können nur wenige gültige Gestaltungsaussagen getroffen werden. Eher liegen viele Einzelszenarien vor, welche mit Umgebung, Nutzung und Verkehrsaufkommen variieren. So kann z. B. nicht nur ein Platz selbst beleuchtet werden. Auch die umgebenden Gebäude können erhellt werden oder eine Lichtquelle darstellen. Neben den Leuchten zur Wegeführung können gestalterisch Einzelobjekte durch Licht oder spezielle Farbgebung hervorgehoben werden. > Abb. 30

Für das Erreichen der notwendigen Beleuchtungsstärken zur Allgemeinbeleuchtung kommen bei ausreichendem Platzangebot häufig Mastleuchten zum Einsatz. Diese können im Bedarfsfall durch Pollerleuchten sowie Einbau- und Anbauleuchten in Boden-, Wandbereichen und Treppen ergänzt werden, um den durch Menschen genutzten Raum zusätzlich zu erhellen. Wichtig ist die Verwendung von Leuchten mit geeigneter Schutzart für die zu erwartenden externen Einwirkungen.

Abb. 30: Beispiele für die Beleuchtung öffentlicher Flächen

ÖFFENTLICHE GEBÄUDE

Sind Bereiche öffentlich zugänglich, sind die Bedürfnisse vieler verschiedener Menschen zu berücksichtigen, unter anderem muss die Lichtgestaltung die Orientierung von Menschen mit verminderter Sehkraft unterstützen. Verschiedene Nutzungen und Typologien erzeugen zudem unterschiedliche Erwartungshaltungen, auf die mit der Lichtgestaltung eingegangen werden muss.

Der Zugang zu öffentlichen Gebäuden wie Hotels, Bürogebäuden oder akademischen Einrichtungen erfolgt durch einen ausgewiesenen Eingangsbereich mit dahinterliegendem Empfang, häufig innerhalb eines Foyers, und den weiterführenden Erschließungs- und Nutzungsbereichen. Der eigentliche Eingang muss in der Architektur von außen klar erkennbar sein, und die Beleuchtung muss für Sichtbarkeit bei geringem oder nicht vorhandenem Tageslicht sorgen. > Abb. 31 Zudem ist der Eingang die Übergangszone von innen nach außen, wodurch in der Lichtplanung wiederum die latente Anpassung des Auges an die veränderte Lichtsituation beachtet werden muss. Hier haben sich tageslichtabhängige Steuerungen als sinnvoll erwiesen, welche im Tagbetrieb eine hohe Beleuchtungsstärke gewährleisten, im Nachtbetrieb die Beleuchtung in Richtung des dunklen Außenbereichs herunterregulieren.

Erfolgt der Zugang zum Gebäude oder die Weiterführung in die Empfangszone über Treppen oder Stufen, sind diese in dem Maße zu beleuchten, dass die Tritte sich klar voneinander abheben. Zudem können die Stufen auch einzeln mit Einbauleuchten oder Lichtbändern ausgestattet werden, um die Wegeführung zusätzlich zu verdeutlichen.

Im Foyer geht es generell um das Schaffen einer Allgemeinbeleuchtung zur Orientierung, ferner können durch weitere Akzentuierung Einzelbereiche wie Wände und Decken, Säulen oder Treppen hervorgehoben

Beleuchtung von Eingangsbereichen und Foyers

Tab. 9: Notwendige Beleuchtungsstärken für öffentliche Bereiche

Bereich	Beleuchtungsstärke [lx]
Eingang/Foyer (je nach Personenfrequenz)	100–200
Treppen	150
Wartebereiche	500
Kassen/Theken/Tresen	300–500
Schaufenster	>2000
Supermarkt/Baumarkt	>1000
Speiseraum/Restauranttisch	200
Buffet/Selbstbedienungstheke	300

werden. Insbesondere in mehrgeschossigen Foyers werden Pendelleuchten und Deckenleuchten oft selbst zum gestalterischen Element, da für Form, Materialität und Farbe vielfältige Fabrikate gewählt werden können. Für Wegeführung und Orientierung eignen sich LED-Leuchtmittel, welche je nach Umgebungsgestaltung warmweiße oder reinweiße Lichtfarben erzeugen können. > Abb. 31

Sind in den Eingangsbereichen Rezeptionen, Empfangstheken oder Wartebereiche vorgesehen, sind diese gesondert zu betrachten, da hier eine höhere Beleuchtungsstärke als im umgebenden Raum erforderlich wird.

Beleuchtung von Museen und Ausstellungsräumen

Die Beleuchtung von Ausstellungsräumen stellt eine der komplexesten Aufgaben in der Lichtplanung dar. Die Architektur bestimmt die grundlegenden Konzepte, da bereits durch den Gebäudeentwurf definiert wird, ob eine reine Kunstlichtplanung erstellt werden muss oder ob in den Ausstellungsbereichen Tageslicht zur Verfügung steht. Die Grundrisse variieren von hallenartigen Räumen (zum Teil mit Einbauten oder mobilen Raumtrennungen) zu kleinen Einzelräumen mit klarer Wegeführung. Raummaße und -höhen sowie die Art der Exponate erfordern spezielle Planungen für den Einzelfall. Da in Museen und anderen Ausstellungsflächen vielfach keine dauerhaft gleichbleibenden Exponate vorhanden sind, sondern wechselnde Ausstellungen bedient werden müssen, ist eine hohe Flexibilität der Beleuchtung erforderlich (z. B. über Stromschienen, frei bewegliche Strahler, flexible Raster). > Abb. 32

Für die Allgemeinbeleuchtung empfiehlt sich eine diffuse Beleuchtung, was bedeutet, dass Maßnahmen zur Streuung von Tageslicht und Kunstlicht ergriffen werden müssen. So wird eine gleichmäßige Raumbeleuchtung bei minimaler Schattenbildung erreicht. Deckenleuchten oder Lichtdecken mit streuenden Abdeckungen (z. B. Milchglas) eignen sich hierzu besonders. Aufgrund der hohen Lebensdauer empfehlen sich Leuchtstofflampen, welche ausreichende Beleuchtungsstärken erreichen

Abb. 31: Beispiele für die Beleuchtung von Eingangsbereich und Foyer

Abb. 32: Beispiele für die Beleuchtung von Museen und Ausstellungen

und einen hohen Wirkungsgrad besitzen. Soll der Besucher sich innerhalb der Ausstellungsfläche ohne eine bestimmte Richtung frei bewegen können, reicht die allgemeine Beleuchtung zur Orientierung zunächst aus. Liegt ein Konzept vor, wie der Besucher durch die Ausstellung geführt werden soll, kann eine zusätzliche Anordnung von Wegeleuchten in Form von Boden- oder Wandeinbauleuchten oder Lichtleisten erfolgen.

Bei der weiteren Planung steht die Beleuchtung der Exponate im Vordergrund. Auch diese Planung hängt stark von Art und Materialität der Ausstellungsstücke ab. Gemälde und Bilder sind anders zu behandeln als Skulpturen und Vitrinen, immer häufiger werden auch Audio- oder Video-Installationen in Museen als unterstützende Medien oder als Exponate vorgefunden. Für alle Ausstellungsstücke gilt, dass sie über gerichtete Punktleuchten wie Strahler oder Downlights hervorgehoben werden. Zu beachten ist dabei, dass der Besucher durch die Leuchten zwar auf das Exponat aufmerksam werden soll, gleichzeitig aber keine Blendeffekte oder Reflexionen entstehen oder Schattenwürfe erzeugt werden. Strahlungseffekte, welche sowohl vom Tageslicht als auch von künstlichen Lichtquellen ausgehen und Ausstellungsstücke wie Gemälde auf Dauer

Abb. 33: Beleuchtung von Ausstellungsobjekten

beschädigen können, da sie chemische Prozesse der Materialien auslö-
sen, sind durch eine geeignete Auswahl der Leuchtmittel und zusätzliche
Filter der Infrarot- und ultravioletten Strahlung zu minimieren. Ist ein
Exponat im Wandbereich positioniert, so sollte die Strahlung der zuge-
hörigen Leuchte auf die untere Kante des Exponates in einem leichten
Winkel von 25°–30° ausgerichtet werden.

Beleuchtung von
Restaurants Die Beleuchtung von Restaurants variiert stark mit der Art der Gastro-
nomie. So erfordert eine Cafeteria mit Selbstbedienung andere Beleuch-
tungsstärken und Lichtfarben als ein gehobenes Restaurant mit kleinem
Gastraum. Hier sind Planungsaufgaben für die Allgemeinbeleuchtung,
Akzentbeleuchtung und die Beleuchtung von Theken und Tischen zu lösen.
Auch die Außenbeleuchtung spielt bei Restaurants eine Rolle: Der Gast-
ronomiebetrieb muss als solcher erkannt werden, darüber hinaus beeinflussen Art und Qualität der Lichtgestaltung die Erwartungshaltung der
Kunden schon vor Betreten der Lokalität.

Die Allgemeinbeleuchtung erfolgt in der Regel über Deckenleuchten
(als Einzelleuchten oder Stromschienen mit mehreren gerichteten Strah-
lern). Zusätzliche Umgebungsbeleuchtung und Raumgestaltung kann durch
Wandleuchten erfolgen. Um verschiedene Nutzungsszenarien realisieren
zu können, sollte in der Planung eine variable Beleuchtung vorgesehen
werden, welche über eine Dimmfunktion oder teilweise ab- oder zuschalt-
bare Leuchten verfügt. Für Bereiche mit Selbstbedienung werden deutlich höhere Beleuchtungsstärken (200 lx) vorgesehen als in Restaurants
mit Bedienung. Bei Letzteren werden durch ungleichmäßige Beleuchtungsstärken bestimmte Bereiche hervorgehoben. In Gasträumen wird die Allgemeinbeleuchtung im Betrieb in vielen Fällen durch die Akzentbeleuchtung
unterstützt oder sogar übernommen. Die Möglichkeit, einzelne Raumbe-
reiche, Säulen, Wände oder Einzelobjekte wie Bilder oder anderes anzu-
strahlen, ist im Gesamtkonzept einzuplanen. > Abb. 34 Dabei können Beleuchtungsstärke und Lichtfarbe stark variieren, und damit ist auch die
Auswahl von Leuchten und·Leuchtmitteln sehr groß. Für die Beleuchtung

Abb. 34: Beleuchtung von Gasträumen, Theken und Buffets

Abb. 35: Beleuchtung von Restauranttischen

eines Wandgemäldes sind völlig andere Maßnahmen zu ergreifen als für das Akzentuieren von Gläsern oder Porzellan.

Eine besonders helle, aber blendfreie Beleuchtung ist in Bereichen von Theken und Buffets vorzusehen. > Abb. 35 Diese Orte sind in der Regel die Hauptanlaufstellen der Gäste und stellen zudem Arbeitsflächen des Personals dar. Leuchtmittel mit hohem Farbwiedergabeindex sind notwendig, um die Sichtbarkeit der Speisen zur Frischebeurteilung durch den Gast zu ermöglichen. Dabei ist die Wärmestrahlung zu begrenzen. Hierfür besonders geeignet sind Niedervolt-Halogenlampen, welche in kleiner Bauform, dafür in größerer Anzahl eingebaut werden können und die mit Reflektoren auf die beschriebenen Bereiche ausrichtbar sind.

Abb. 36: Beispiele für Schaufensterbeleuchtung

Abb. 37: Beleuchtung von Verkaufsflächen

Restauranttische sind mit einer höheren Beleuchtungsstärke als die umgebenden Bereiche zu beleuchten. In den häufigsten Fällen geschieht dies über Pendelleuchten, welche 50 bis 70 cm über der Tischplatte installiert werden. Als Leuchtmittel werden Lampen mit hohem Farbwiedergabeindex benötigt, um sowohl die Speisen als auch andere am Tisch befindliche Personen gut erkennen zu können. Meist kommen Halogenlampen zum Einsatz, welche eine warmweiße Lichtfarbe erzeugen.

Beleuchtung von Verkaufsräumen und Präsentationsbeleuchtung

Bei der Beleuchtungsplanung für Verkaufsstätten steht normalerweise zunächst die Präsentationsfläche des Schaufensters im Fokus, da diese als Erste die Aufmerksamkeit der Kunden erregt. Hierbei sind hohe Beleuchtungsstärken über 1000 lx empfehlenswert. Zudem sind Leuchten mit guten Farbwiedergabeeigenschaften vonnöten, weswegen sich Hochdruck- und Niederdruck-Entladungslampen eignen. Im Regelfall werden Deckenleuchten eingesetzt, welche über veränderbare Systeme an die sich häufig verändernden Auslagen angepasst werden können.

Neben den breit streuenden Leuchten zur allgemeinen Beleuchtung werden Einzelprodukte über Punktleuchten, Strahler und Downlights gesondert akzentuiert. Durch die Wahl einer geeigneten Verglasung mit geringem Spiegelungsanteil wird Tag und Nacht eine ungehinderte Durchsicht auf die Auslage gewährleistet. > Abb. 36

Die Art der Verkaufsflächen bestimmt im Zusammenhang mit den zu verkaufenden Produkten die Beleuchtungsplanung. Der Mensch verbindet mit verschiedenen Beleuchtungsstärken und Lichtfarben ihm vertraute Szenarien. So rufen Verkaufsflächen, die mit hoher Beleuchtungsstärke der Allgemeinbeleuchtung ausgestattet sind, Assoziationen mit Discounter-Supermärkten oder Baumärkten hervor. Strahler und Einzelleuchten werden lediglich eingesetzt, um auf Sonderangebote oder besonders hochwertige Warenangebote hinzuweisen. Die gleichförmige Architektur und die scheinbar mit geringem Aufwand (da baulich unauffällig) geplante Beleuchtung suggerieren einen wirtschaftlichen Umgang mit Ressourcen, um dem Kunden bestmögliche Verkaufspreise bieten zu können. > Abb. 37 Mit geringeren Beleuchtungsstärken, wärmeren Lichtfarben und Akzentuierung von Teilbereichen wird Kunden unterbewusst vermittelt, dass es sich bei den dargebotenen Auslagen um Qualitätsware handelt, welche besonders hervorgehoben werden soll. Ebenso können in Theken mit Lebensmittelauslagen verschiedene Lichtfarben eingesetzt werden, die beim Kunden Frische und Hochwertigkeit suggerieren, beispielsweise weißes Licht bei Salat- und Gemüseauslagen oder Rottöne bei Fleischwaren. Da sich der Großteil der Verkaufsflächen in Geschäften befindet, deren Waren wöchentlich oder saisonal wechseln und somit auch neu positioniert werden, sind flexible Beleuchtungssysteme, insbesondere für die Akzentbeleuchtung, ratsam. ■

Die Kassen, Informationstheken und individuellen Verkaufstische für Kundengespräche (z. B. im Möbelhaus) sind gesondert zu behandeln, da hier zum einen die Wegeführung für die Kunden verdeutlicht wird, zum anderen Richtwerte für die Arbeitsplatzbeleuchtung eingehalten werden müssen, sofern sich dauerhaft Verkaufspersonal in diesen Bereichen aufhält.

■ **Tipp:** Je nach Produkt können durch Leuchtmittel und Lichtfarbe Blendeffekte und Reflexionen erzeugt oder vermieden werden. Kleidungsstücke und Möbel sollen üblicherweise ohne diese Effekte beleuchtet werden, wogegen bei ausgelegter Ware wie Schmuck oder Technik durch Glanz und Spiegelungen die Produkte hochwertiger und neuer wirken.

ARBEITSSTÄTTEN

Die häufigste Aufgabe der Lichtplanung ist die Beleuchtung von Arbeitsstätten. Sind bei der Lichtplanung für Wohnräume eher subjektive Empfindungen der Nutzer und gestalterische Aspekte maßgeblich, werden für Arbeitsplätze weitreichende und umfassende Anforderungen in Normen und Richtlinien gestellt, welche in der Planung zu berücksichtigen sind und welche oftmals das Planungsziel vorgeben. Sofern durch Vorgaben wie Raumorientierung und -ausstattung möglich, wird häufig eine Kombination von Tageslicht und Kunstlicht gewählt, um ein gleichbleibendes Helligkeitsniveau bei wechselnden Witterungsbedingungen und zu verschiedenen Tages- und Jahreszeiten zu erreichen.

Die Sehaufgabe bestimmt Art und Intensität der notwendigen Beleuchtung. Für einen Bildschirmarbeitsplatz in einem Einzelbüro werden andere Planungselemente benötigt, um die notwendigen Beleuchtungsfaktoren bereitzustellen, als in einer Industriehalle oder einem Labor.

Büroarbeitsplatz Für Büroarbeitsplätze liegen in Normen und Richtlinien dezidierte Forderungen für notwendige Beleuchtungsstärken vor. So ist die Nennbeleuchtungsstärke für Kunstlicht mit 500 lx angegeben, für den Sonderfall des tageslichtorientierten Arbeitsplatzes liegt diese bei 300 lx. Neben der allgemeinen Raumbeleuchtung sind Arbeitsfläche oder Arbeitsbereich immer gesondert zu betrachten und, sofern über die allgemeine Beleuchtung die ausreichende Beleuchtungsstärke nicht erreicht werden kann, mit zusätzlichen Leuchten auszustatten. Größe und Lage der Fensterflächen geben die idealen Zonen für die Einrichtung eines Arbeitsplatzes im Büro vor, da die für die typischen Sehaufgaben notwendigen hohen Lichtdichten in Fensternähe erreicht werden, in tiefen Raumbereichen liegende Zonen sind dagegen eher für Ablagen, Schränke und sonstige Nutzungen mit weniger anspruchsvollen Sehaufgaben einzuplanen. Die Ausbreitung des Lichts im Innenraum kann mit Hilfe einfacher Regeln ermittelt werden. So sind Bereiche ausreichend hell, die innerhalb eines 30°-Winkels von der Oberkante und bei Oberlichtern unterhalb des Fensters liegen. Für die horizontale Ausbreitung kann von einem Ausbreitungswinkel von 45° seitlich des Fensters ausgegangen werden. > Abb. 38 Um einen Raum flexibel nutzbar gestalten zu können, sollte zudem die Fensterbreite mindestens 55 % der Raumbreite, der Fensterflächenanteil in der Fassadenfläche mindestens 30 % betragen. Auch äußere Einflüsse wie Nachbarbebauung, Bäume usw. sind zu berücksichtigen, da diese dafür sorgen können, dass die Lichtausbreitung nur eingeschränkt (in Richtung oder Intensität) gegenüber anderen, gleich orientierten Räumen möglich ist.

Die gewünschte und größtenteils notwendige Nutzung von Tageslicht für Arbeitsplätze führt dazu, dass üblicherweise Blendschutzmaßnahmen an allen Fensterflächen vorgenommen werden müssen und oftmals auch ein zusätzlicher Sonnenschutz erforderlich wird. Ebenso ist Blendung durch direkte oder reflektierende Einwirkungen von Leuchten zu vermeiden. Der Arbeitsplatz selbst, die Orientierung von Bildschirmen und

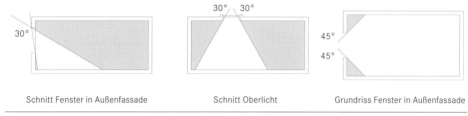

| Schnitt Fenster in Außenfassade | Schnitt Oberlicht | Grundriss Fenster in Außenfassade |

Abb. 38 Natürliche Belichtung eines Büroarbeitsplatzes

Abb. 39: Beleuchtung eines Büroarbeitsplatzes

Leuchten, sollte generell so angeordnet werden, dass die Blickrichtung des Nutzers parallel zu den Fensterflächen verläuft. Die Arbeitsumgebung (Schreibtisch, Wände und Decken) sollte mit hellen matten Oberflächen ausgestattet sein, die einen hohen Reflexionsgrad ohne Reflexblendungen gewährleisten. Der Hauptarbeitsbereich wird zudem mit einer individuell regelbaren Beleuchtung wie Schreibtischleuchten oder einzeln steuerbaren Stehleuchten ausgestattet, da neben den allgemein geregelten Mindestvorgaben die Nutzeranforderungen sehr unterschiedlich ausfallen. Für Büroflächen neben dem eigentlichen Arbeitsplatz, die aber ebenso komplexere Sehaufgaben wie Lesen oder Ähnliches ermöglichen sollen, sind zusätzliche Leuchten einzuplanen, um die notwendige Beleuchtungsstärke zu erreichen.

Idealerweise erfolgt die Regelung der zusätzlichen künstlichen Beleuchtung am Arbeitsplatz über eine Lichtsteuerung, die präsenz- und helligkeitsabhängig arbeitet. Bei Integrierung der Sonnenschutzmaßnahmen in die Steuerung kann ein sowohl wirtschaftliches als auch für den Arbeitskomfort optimal eingestelltes Lichtkonzept erarbeitet werden.

Abb. 40: Beleuchtung von Konferenzräumen

Ein immer häufiger zu planender Spezialfall ist der <u>tageslichtorien-</u>
<u>tierte Arbeitsplatz</u>. Dies bedeutet, dass das Tageslicht für 70 % oder mehr
der Nutzungszeit ohne Zuschaltung von Kunstlicht ausreichende Beleuchtung gewährleisten muss. Dieser Wert ist unmittelbar abhängig vom Ta-
geslichtquotienten D, da ein höherer Tageslichtquotient eine geringere
Abhängigkeit von ergänzender künstlicher Beleuchtung impliziert. Über-
schlägig kann davon ausgegangen werden, dass bei Tageslichtquotien-
ten über 3 % ein tageslichtorientierter Arbeitsplatz qualitativ erreicht werden kann.

Konferenzraum/   Bei Besprechungsräumen muss die Lichtplanung sicherstellen, dass
Besprechung   mit Hilfe der Ausleuchtung alle Gesprächsteilnehmer von jeder Position
aus gut erkannt werden können. Der Besprechungstisch wird hier meist
zentral von Decken- oder Pendelleuchten beleuchtet, die Leuchte sollte
flächig abstreuen, ohne Blendeffekte zu generieren. > Abb. 40 Im Raum ist
dafür zu sorgen, dass bereits durch die Allgemeinbeleuchtung und Ober-
flächenbeschaffenheit starke Helligkeitskontraste vermieden werden, da
diese, auch wenn sie im peripheren Bereich liegen, für Ermüdungser-
scheinungen sorgen können.

Hallenarbeitsplatz   Bei <u>Industriehallen</u> mit Produktionsprozessen ist die Lichtplanung
abhängig von der Art der Sehaufgabe und der Hallengeometrie. Bei ho-
hen Hallen sind leistungsstarke Leuchten wie Hochdruck-Metalldampf-
lampen, Natriumdampflampen oder Leuchtstofflampen notwendig, um
eine ausreichende Lichtstärke im Arbeitsbereich zu erreichen. Bei weniger hohen Hallen (unter 6 m Höhe) sind Leuchtstofflampen ideal, welche
in gerasterten Systemen oder Lichtbändern angeordnet werden. Bei
Lichtbändern ist muss bedacht werden, dass sie parallel zu den Arbeitsflächen platziert werden, um Blendungen zu vermeiden. Für eine geeignete Ausleuchtung müssen zum Teil Beleuchtungsstärken von 1500 lx erreicht werden, um eine produktivitätsfördernde und unfallvermeidende

Abb. 41: Beleuchtung von Industriehallen

Arbeitsumgebung herzustellen. Für die meisten Industriearbeitsplätze sind Beleuchtungsstärken von 600 lx und neutralweiße Lichtfarben geeignet. Bei Emissionen durch den Hallenbetrieb (z. B. Staub) müssen die verwendeten Leuchten ausreichend geschützt werden.

Da in Hallenbereichen eine natürliche Beleuchtung über Fassadenöffnungen zumeist unmöglich ist, wird Tageslicht in der Regel über Oberlichter genutzt. > Abb. 41 Unter Berücksichtigung des vorhandenen Tageslichts ist eine Steuerung notwendig, die die wirtschaftliche Belastung durch dauerhafte Kunstlicht-Nutzung, welche einen nicht unerheblichen Faktor bei großen Betrieben darstellt, optimiert. Elektronische Vorschaltgeräte können die Wirtschaftlichkeit, insbesondere in Produktionsstätten mit Schichtbetrieb und hohen Einschaltzeiten, weiter erhöhen.

Bei Arbeiten in einer <u>Lagerhalle</u> sind generell geringere Beleuchtungsstärken notwendig als in Produktionshallen oder Hallen mit Industrieprozessen. Die Art und Nutzung der Halle gibt die notwendige Beleuchtungsstärke vor. > Tab. 10 Häufig werden, sofern die Beleuchtungsstärke der natürlichen Beleuchtung nicht ausreicht, Spiegelleuchten als Lichtbänder mit Leuchtstofflampen eingesetzt, die mit gerichteten Reflektoren Gänge,

Tab. 10: Notwendige Beleuchtungsstärken verschiedener Lagerarten

Lagerart	Beleuchtungsstärke [lx]
Lagerräume für großteiliges Lagergut	50
Lagerräume mit nicht gleichartigem Lagergut	100
Lagerräume mit Leseaufgaben	200
Versand- und Verpackungslager	300

Abb. 42: Beispiele für Lagerbeleuchtung

Regale und Lagergüter ausreichend beleuchten und vor Blendung bei direktem Hineinsehen schützen. Darüber hinaus ist eine Bewegungssteuerung bei nicht dauerhaft begangenen Lagerbereichen ratsam. Im Bereich von Schreibtischen und sonstigen Arbeitsplätzen mit komplexeren Sehaufgaben ist eine ergänzende Beleuchtung in Analogie zum Büroarbeitsplatz erforderlich.

NOT- UND SICHERHEITSBELEUCHTUNG

Um bei einem Störungsfall der allgemeinen Stromversorgung Orientierung und das Verlassen eines Gebäudes zu ermöglichen, wird für bestimmte Nutzungen eine Not- bzw. Sicherheitsbeleuchtung benötigt. Dies trifft für öffentliche Bereiche zu, in denen die Kennzeichnung und Sichtbarkeit der Rettungswege dauerhaft sichergestellt sein muss. In der Regel werden Rettungswege durch selbstleuchtende Rettungszeichen gekennzeichnet, welche im Batteriebetrieb oder über einen gesonderten, zum Funktionserhalt abgesicherten Stromkreis angesteuert werden. Auch Rettungswegzeichen oder Piktogramme, welche nicht elektrisch versorgt werden, aber über nachleuchtende Oberflächen verfügen, können zulässig sein, wenn dies im Brandschutzkonzept erläutert ist. > Abb. 43 Für die Fluchtwegbeleuchtung muss über 2 m Breite eine Mindest-Beleuchtungsstärke von 1 Lux gewährleistet werden. Um die Wegeführung zu erleichtern, sollte die Beleuchtungsstärke im Verlauf der Mittellinie des Fluchtwegs 40 Lux erreichen.

Für Arbeitsplätze mit besonderen Anforderungen, an denen bei Ausfall der Allgemeinbeleuchtung Unfälle möglich sind, muss die Sicherheitsbeleuchtung so dimensioniert werden, dass das Verlassen des Arbeitsplatzes und sogar das Beenden notwendiger Tätigkeiten ermöglicht wird.

Abb. 43: Beispiele für Not- und Sicherheitsbeleuchtung

PRIVATRÄUME

Anders als bei den vorangegangenen Planungsszenarien spielen bei der Beleuchtung von privaten Räumen normative Anforderungen eine geringere Rolle. Vielmehr beeinflussen hier Wünsche und Empfindungen der Bewohner und Nutzer die Planungsentscheidungen. Auch die Art, wie ein Raum genutzt wird, ist von Fall zu Fall unterschiedlich, sodass für gleiche Funktionen wie beispielsweise ein Wohnzimmer verschiedenste Sehaufgaben durch den Nutzer vorgegeben werden.

Die Außenwirkung eines Gebäudes wird bei Dämmerung und nachts durch die Beleuchtung von Fassade, Garten und Eingangsbereich bestimmt. Über die gestalterischen Aspekte hinaus dient die Beleuchtung der Zuwegung und der Eingangssituation auch der Orientierung und Sicherheit. Verschiedene Eingangssituationen können diverse Leuchtenarten sinnvoll machen. So können bei vorhandenen Vordächern über der Haustür Einbau- und Anbauleuchten integriert, anderenfalls im Fassadenbereich Wandleuchten angeordnet werden. Die Zuwegung zu Gebäudeeingängen und Garagen sowie Stufen, Podeste und Außentreppen sollten in jedem Falle ausgeleuchtet werden. Hierzu eignen sich insbesondere Poller- und Sockelleuchten sowie bodenintegrierte Leuchten. Wichtig ist hierbei, dass auf gleichmäßige Ausleuchtung geachtet wird, um Hell-Dunkel-Kontraste im Wegebereich zu vermeiden und Hindernisse klar sichtbar zu machen. Dabei ist der Abstand zwischen den Leuchten der gewählten Höhe der Leuchtquelle und der Abstrahlrichtung anzupassen, bei Mastleuchten kann folglich ein größerer Abstand gewählt werden als bei Pollerleuchten. Auch die Hausnummer kann als selbstleuchtendes Objekt gestaltet oder über eine Einzelleuchte angestrahlt werden, sofern sie über die sonstige Beleuchtung nicht ausreichend sichtbar wird oder dauerhaft hervorgehoben werden soll. > Abb. 44

Hausbeleuchtung und Gartenbeleuchtung

Abb. 44: Beleuchtung von Haus und Fassade

Anders als im halb öffentlichen Eingangsbereich kann im Gartenbereich mit größerer Kontrastbildung gearbeitet werden, um bestimmte Flächen und Objekte herauszustellen. In der Regel geht es eher um eine gerichtete Akzentuierung als um eine großflächige Allgemeinbeleuchtung. Durch helle und dunkle Bereiche kann die gewünschte Atmosphäre erreicht werden. Das allgemeine Sicherheitsempfinden kann durch die Verwendung von bewegungsgesteuerter Beleuchtung erhöht werden. Zur Beleuchtung von Bäumen oder Solitären wie Skulpturen eignen sich gerichtete Strahler, der Abstand muss jedoch an die Größe des Objektes oder an den hervorzuhebenden Bereich angepasst werden. Die Ausrichtung der Beleuchtung ist so zu planen, dass Blendungen vermieden werden.

Ebenso wie bei der Beleuchtung von öffentlichen Außenbereichen ist auch auf privaten Flächen unbedingt auf die Verwendung von Leuchten mit ausreichender Schutzart zu achten.

Bei der Auswahl der Leuchtmittel spielt die Art der Schaltung und die Dauer der Einschaltung eine übergeordnete Rolle. Soll ein Bereich wie die Haustür oder die Wegebeleuchtung dauerhaft beleuchtet bleiben, ist die Verwendung von wirtschaftlichen LEDs oder Kompaktleuchtstofflampen ratsam. Für die Schaltung können hierbei Dämmerungsschalter oder Zeitschalter verwendet werden, welche die Funktionsdauer automatisch regeln. Bei kürzeren Schaltzyklen, die z. B. durch einen Bewegungsmelder oder Tastschalter gesteuert werden, sind Halogenlampen oder Energiesparlampen sinnvoll. In Wegebereichen und bei Verwendung von Bewegungsmeldern sollten in jedem Falle Leuchtmittel verwendet werden, welche direkt nach Einschaltung ohne lange Vorschaltphase den vollen Lichtstrom abgeben, um die sofortige Begehbarkeit zu gewährleisten.

■ Wohnzimmer   Die geeignete Beleuchtung eines Wohnzimmers hängt sowohl von der Raumgeometrie, den Fensterflächen und der Einrichtung als auch von dem spezifischen Nutzerverhalten ab. Eine übergeordnete Allgemein-

Abb. 45: Wohnraumbeleuchtung

beleuchtung ist im Zusammenspiel mit der Platzbeleuchtung von Sofas und Sitzgruppen und der Akzentuierung von sonstigen Elementen zu planen. Die Sichtachsen sind zu definieren, um Blendungen auszuschließen und Positionen der Leuchten zu bestimmen. Reflexionen auf Objekten wie Fernsehern oder Bildern sollten natürlich vermieden werden.

Die Allgemeinbeleuchtung sollte getrennt von zusätzlichen Einzelleuchten schalt- und dimmbar sein. Die gewünschte Helligkeit sollte nicht durch eine Einzelleuchte, sondern mit Hilfe mehrerer sinnvoll verteilter Leuchten erreicht werden. Als Leuchtenarten sind in Wohnbereichen viele Varianten vorstellbar, Wand- und Deckenleuchten können ebenso verwendet werden wie Strahler an Stromschienen oder Stangensystemen. Besonders geeignet für allgemein als „gemütlich" empfundene Beleuchtung sind warmweiße Lichtfarben. Die Platzbeleuchtung kann durch dimmbare Einzelleuchten, Steh- oder Tischleuchten ergänzt werden, um dem Nutzer die Regulierung der gewünschten Helligkeit zu ermöglichen. Häufig werden auch Deckenfluter eingesetzt, welche das Niveau der Allgemeinbeleuchtung in Teilbereichen des Raumes erhöhen. Weitere Akzentbeleuchtungen von Kunstwerken, Pflanzen, Möbeln, Wand- und Deckenflächen können im Bedarfsfall über Downlights oder gerichtete Strahler vorgenommen werden. > Abb. 45

■ **Tipp:** Die Lichtplanung im Außenbereich von privaten Gebäuden ist bereits in einem frühen Planungsstadium vorzunehmen und zu koordinieren, da viele Bauteile der Elektroinstallation (Kabelwege, Anschlüsse an Unterverteilungen usw.) unter Putz bereits in einer frühen Bauphase verlegt werden müssen. Eine nachlaufende Außenanlagenplanung kurz vor Fertigstellung des Gebäudes hat in der Regel umständliche Nachinstallationen zur Folge.

Abb. 46: Beleuchtung des Esstisches

Esszimmer/Esstisch — Ähnlich wie in Restaurants und Cafés liegt das Hauptaugenmerk bei der Esszimmer-Beleuchtung auf dem Esstisch. Die Allgemeinbeleuchtung wird hier eher untergeordnet, muss aber die Raumnutzung und Orientierung gewährleisten, wenn der Esstisch nicht verwendet wird oder wenn die Esstischbeleuchtung nicht für die allgemeine Raumbeleuchtung mitgenutzt wird. Bei größeren Räumen sollte in jedem Fall eine zusätzliche Allgemeinbeleuchtung vorgesehen werden, die getrennt von der Tischbeleuchtung geschaltet werden kann. Anzahl und Gestaltung der Tischbeleuchtung ist der Größe, Form und dem Material des Tisches anzupassen. Häufig werden hier Pendelleuchten eingesetzt, welche in einer Abhanghöhe knapp über der Augenhöhe des Nutzers angeordnet werden sollten. Analog zu der vielfältigen Möbelauswahl sind Leuchten in nahezu jeder Form und Materialität lieferbar. > Abb. 46

Küche — In der Küche ist aufgrund der haushaltsbezogenen Tätigkeiten und des erhöhten Orientierungsbedarfs auch in Schränken und Regalen eine höhere Beleuchtungsstärke erforderlich als in sonstigen Wohnräumen. Dies gilt sowohl für die Allgemeinbeleuchtung als auch für die Beleuchtung von Arbeitsflächen. Die Allgemeinbeleuchtung sollte immer über mehrere Lichtquellen erfolgen, um ausreichende Helligkeit in allen Bereichen der Küche gewährleisten zu können. Zumeist werden hierfür Deckenleuchten als Anbau- oder Einbauleuchte mit warmweiß leuchtenden Leuchtmitteln eingesetzt. Für die Arbeitsflächen ist die Beleuchtungsstärke zu erhöhen, um ein für die Küchenarbeit geeignetes Helligkeitsniveau zu erreichen. Ebenso ist ein Farbwiedergabeindex R_a > 90 notwendig, um die Lebensmittel sowie deren Zustand und Qualität gut erkennen zu können. Die zusätzliche Arbeitsflächenbeleuchtung kann über gerichtete Strahler oder Downlights sowie Einzelspots erfolgen, welche z. B. unterhalb der Küchenoberschränke angeordnet werden. Die Position muss so gewählt werden, dass ein Schattenwurf durch den Nutzer während der Arbeit auf der Fläche weitestgehend vermieden wird. Auch ist eine Blendung der arbeitenden Personen auszuschließen. Im Bereich von Kochfeld und Herd ist

Abb. 47: Küchenbeleuchtung

ebenfalls eine zusätzliche Beleuchtung vonnöten, welche häufig durch eine in der Dunstabzugshaube integrierte Beleuchtung bereitgestellt wird. Wegen der teilweise intensiven Belastung durch Fett, Flüssigkeiten usw. sind leicht zu reinigende und demontierbare Leuchtenabdeckungen ideal. Küchenschränke können im Inneren auch separat beleuchtet werden, über Türkontakte lässt sich die Beleuchtung entsprechend schalten. Die Beleuchtung von Theken und Esstischen im Küchenbereich ist analog zu der oben stehenden Esstischbeleuchtung vorzunehmen. > Abb. 47

○
Bad

Neben der Beleuchtung von Spiegelflächen und für Kosmetik genutzten Bereichen ist eine Allgemeinbeleuchtung mit hoher Beleuchtungsstärke und gutem Farbwiedergabeindex ($R_a > 90$) in Badezimmern von Vorteil. Je nach Materialität der Oberflächen (Fliesen glänzend oder matt, Fliesenfarbe, Anzahl und Größe der Spiegelflächen) kann es zu einem hohen Reflexionsgrad der Beleuchtung kommen. Aus diesem Grund sind Anzahl und Beleuchtungsstärke der Leuchten auch bei gleichen Raumproportionen durchaus variabel. Durch die Wahl des Leuchtmittels oder der Leuchtenabdeckung sollte das Licht gestreut werden, um Blenderscheinungen zu vermeiden.

○ **Hinweis:** Für den An- und Einbau von Leuchten in Einrichtungsgegenstände wie Küchenschränke, Regale oder sonstige Möbel ist es erforderlich, dass die gewählte Leuchte mit dem Prüfkennzeichen MM ausgestattet ist. Hierdurch ist sie als Gerät mit begrenzter Oberflächentemperatur definiert und gewährleistet den notwendigen Brandschutz.

Abb. 48: Badezimmerbeleuchtung und Spiegelleuchten

Abb. 49: Beleuchtung von Treppenläufen und Stufen

Für die Allgemeinbeleuchtung werden hauptsächlich Deckenleuchten eingesetzt, wobei auf die Aufenthaltsorte von Personen (vor dem Waschbecken, in der Badewanne) geachtet werden muss, um ungewollte Schattenwürfe oder Blendungen auszuschließen. Über den Spiegeln oder beidseitig daneben angeordnet werden weitere Leuchten mit lichtstreuenden Eigenschaften montiert. Da diese Leuchten eine höhere Beleuchtungsstärke erreichen müssen als die Allgemeinbeleuchtung, sind hier wirtschaftliche Leuchtmittel wie LEDs oder Energiesparlampen sinnvoll.
> Abb. 48

Da Badezimmer Feucht- bzw. Nassbereiche darstellen, sind geeignete Leuchten mit ausreichender Schutzart zu wählen. Bereits bei der Elektroinstallation ist auf die Verwendung von zugelassenen Materialien zu achten. Die Allgemeinbeleuchtung muss zudem dafür sorgen, dass nasse Flächen klar erkennbar sind, um Unfällen vorzubeugen.

Treppenbeleuchtungen sind als Verkehrswege zu betrachten. Somit ist es nicht zulässig, dass eine ausreichende Beleuchtungsstärke (100 Lux) unterschritten wird. Zunächst ist eine allgemeine und gleichmäßige Beleuchtung unabdingbar, eine zusätzliche Ausarbeitung oder Akzentuierung der einzelnen Stufen kann darüber hinaus installiert werden. Die allgemeine Beleuchtung einer Treppe sollte von oben über Wand- oder Deckenleuchten erfolgen. Um eine gleichmäßige Lichtverteilung zu erreichen, werden am besten mehrere breit strahlende oder lichtstreuende Leuchten verwendet. > Abb. 49

Auch die Lage der Treppe spielt bei der Lichtplanung eine Rolle. Insbesondere bei der Schaltung der Beleuchtung gibt es große Unterschiede, da ein allgemein zugängliches und durch mehrere Nutzer begangenes Treppenhaus eher über Einzelschalter oder Bewegungsmelder mit zeitgesteuerter Ausschaltung geregelt wird. Wichtig ist hier insbesondere die Verkehrssicherheit. Leuchten für Treppen, die innerhalb einer Nutzungseinheit liegen, können in Kombination mit der Beleuchtung des anliegenden Raumes zusammengeschaltet werden.

Schlusswort

Die erfolgreiche Planung von Licht erfordert in allen Phasen eine dezidierte Auseinandersetzung mit der Planungsaufgabe. Neben der Berücksichtigung von Wünschen der Bauherren, Erfordernissen aus Richtlinien und Normen, des Standorts und der Nutzung müssen vor allem die projektspezifischen Rahmenbedingungen im Entwurfsprozess immer wieder unter den Aspekten des Lichts überprüft und angepasst werden. Nach der Entwurfserstellung und der Beauftragung von ausführenden Fachfirmen muss auch im Bauablauf darauf geachtet werden, dass das geplante Zusammenspiel von Tages- und Kunstlicht sowie das Ineinandergreifen der einzelnen Planungselemente für die gewünschten Funktionen im späteren Betrieb normengerecht und sinnvoll installiert werden. Simulationen im Entwurfsprozess dienen zwar der Veranschaulichung der geplanten Maßnahmen für den Nutzer und als Absicherung, dass die geforderten Normwerte von Beleuchtungsstärken eingehalten werden, die tatsächlich gebaute Situation kann allerdings vom gewünschten Ergebnis abweichen. Somit ist der Planer gut beraten, immer ein gewisses Maß an Flexibilität in der Planung vorzuhalten, um entsprechend reagieren zu können.

Anhang

LITERATUR

Christina Augustesen, Ulrike Brandi Licht GmbH: *Praxis – Tageslicht | Kunstlicht*, Edition Detail, Institut für internationale Architektur-Dokumentation, München 2005

Ulrike Brandi, Christoph Geissmar-Brandi: *Lichtbuch: Die Praxis der Lichtplanung*, Birkhäuser Verlag, Basel 2001

Hans-Georg Buschendorf (Hrsg.): *Lexikon Licht- und Beleuchtungstechnik*, Verlag Technik, Berlin 1989

Doris Haas-Arndt, Fred Ranft: *Tageslichttechnik in Gebäuden*, Hüthig Jehle Rehm, Heidelberg 2007

Wolfram Pistohl, Christian Rechenauer, Birgit Scheuerer: *Handbuch der Gebäudetechnik*, Band 2: *Heizung | Lüftung | Beleuchtung | Energiesparen*, 8. Auflage, Köln 2013

Hans Rudolf Ris: *Beleuchtungstechnik für Praktiker*, VDE VERLAG, Berlin 2015

Wolfgang M. Willems (Hrsg.): *Lehrbuch der Bauphysik: Schall – Wärme – Feuchte – Licht – Brand – Klima*, 7. Auflage, Springer Vieweg, Wiesbaden 2013

VORSCHRIFTEN UND NORMEN

Europäische Normen

DIN EN 1838 „Notbeleuchtung"

DIN EN 12464-1:2011-08 Titel (deutsch): „Licht und Beleuchtung – Beleuchtung von Arbeitsstätten" – Teil 1: Arbeitsstätten in Innenräumen; Deutsche Fassung EN 12464-1:2011

DIN EN 12464-2:2014-05 Titel (deutsch): „Licht und Beleuchtung – Beleuchtung von Arbeitsstätten" – Teil 2: Arbeitsplätze im Freien; Deutsche Fassung EN 12464-2:2014

DIN EN 12665 „Licht und Beleuchtung – Grundlegende Begriffe und Kriterien für die Festlegung von Anforderungen an die Beleuchtung"

DIN EN 13032 „Licht und Beleuchtung – Messung und Darstellung photometrischer Daten von Lampen und Leuchten"

DIN EN 13201 „Straßenbeleuchtung"

DIN EN 60529:2014-09 „Schutzarten durch Gehäuse" (IP-Code) (IEC 60529:1989 + A1:1999 + A2:2013); Deutsche Fassung EN 60529:1991 + A1:2000 + A2:2013

DIN EN 60598-1:2015-10; VDE 0711-1:2015-10; „Leuchten"- Teil 1: Allgemeine Anforderungen und Prüfungen (IEC 60598-1:2014, modifiziert); Deutsche Fassung EN 60598-1:2015

Deutsche Vorschriften und Normen

DIN 5034 „Tageslicht in Innenräumen"

DIN 5035 „Beleuchtung mit künstlichem Licht"

Richtlinien

VDI 6011 „Lichttechnik; Optimierung von Tageslichtnutzung und künstlicher Beleuchtung: Grundlagen und allgemeine Anforderungen"

ASR A3.4 „Beleuchtung"

BILDNACHWEIS

Abbildung 6, links: Feans, flickr.com

Abbildung 7, links: Roman Pfeiffer, flickr.com

Abbildung 17: Sebastian Terfloth, User:Sese_Ingolstadt - Eigenes Werk, Lizenziert unter CC BY-SA 3.0 über Wikimedia Commons - https://commons.wikimedia.org/wiki/File:Lounge_ICE_3.jpg

Abbildung 19, rechts, User Ozguy89, Lizenziert unter GNU Free Documentation License, Transferred from en.wikipedia to Commons by User:Wdwd using CommonsHelper, - https://commons.wikimedia.org/wiki/File:150_Watt_Metal_Halide.jpg

Abbildung 25, Mitte: Walter Schärer, flickr.com, bearbeitet

Abbildung 33, links: C MB 166, flickr.com

Abbildung 43, rechts: David Hollnack

Der Autor dankt Bogdan Napieralski für die Hilfe bei der Erstellung der Fotografien zu Abb. 4, Mitte; 22, rechts; 27; 28; 30 links und rechts.

DER AUTOR

Dipl.-Ing. Architekt Roman Skowranek, arbeitet als Architekt in Dortmund.

EBENFALLS IN DIESER REIHE BEI BIRKHÄUSER ERSCHIENEN:

Entwerfen

Basics Barrierefrei Planen
Isabella Skiba, Rahel Zuger
ISBN 978-3-0356-1008-6

Basics Entwerfen und Wohnen
Jan Krebs
ISBN 978-3-03821-521-9

Basics Entwurfsidee
Bert Bielefeld, Sebastian El khouli
ISBN 978-3-0346-0675-2

Basics Materialität
M. Hegger, H. Drexler, M. Zeumer
ISBN 978-3-0356-0302-6

Basics Methoden der Formfindung
Kari Jormakka
ISBN 978-3-0356-1032-1

Basics Raumgestaltung
Ulrich Exner, Dietrich Pressel
ISBN 978-3-0356-1001-7

Als Kompendium erschienen:
Basics Entwurf
Bert Bielefeld (Hrsg.)
ISBN 978-3-03821-558-5

Darstellungsgrundlagen

Basics Architekturfotografie
Michael Heinrich
ISBN 978-3-03821-522-6

Basics CAD
Jan Krebs
ISBN 978-3-7643-8086-1

Basics Freihandzeichnen
Florian Afflerbach
ISBN 978-3-03821-543-1

Basics Modellbau
Alexander Schilling
ISBN 978-3-0346-0677-6

Basics Technisches Zeichnen
Bert Bielefeld, Isabella Skiba
ISBN 978-3-0346-0676-9

Als Kompendium erschienen:
Basics Architekturdarstellung
Bert Bielefeld (Hrsg.)
ISBN 978-3-03821-528-8

Konstruktion

Basics Betonbau
Katrin Hanses
ISBN 978-3-0356-0361-3

Basics Dachkonstruktion
Tanja Brotrück
ISBN 978-3-7643-7682-6

Basics Fassadenöffnungen
Roland Krippner, Florian Musso
ISBN 978-3-7643-8465-4

Basics Glasbau
Andreas Achilles,
Diane Navratil
ISBN 978-3-7643-8850-8

Basics Holzbau
Ludwig Steiger
ISBN 978-3-0346-1329-3

Basics Mauerwerksbau
Nils Kummer
ISBN 978-3-7643-7643-7

Basics Stahlbau
Katrin Hanses
ISBN 978-3-0356-0364-4

Basics Tragsysteme
Alfred Meistermann
ISBN 978-3-7643-8091-5

Als Kompendium erschienen:
Basics Baukonstruktion
Bert Bielefeld (Hrsg.)
ISBN 978-3-0356-0371-2

Berufspraxis
Basics Ausschreibung
Tim Brandt,
Sebastian Franssen
ISBN 978-3-03821-518-9

Basics Bauleitung
Lars-Phillip Rusch
ISBN 978-3-03821-519-6

Basics Kostenplanung
Bert Bielefeld, Roland Schneider
ISBN 978-3-03821-530-1

Basics Projektplanung
Hartmut Klein
ISBN 978-3-7643-8468-5

Basics Terminplanung
Bert Bielefeld
ISBN 978-3-7643-8872-0

Als Kompendium erschienen:
Basics Projekt Management
Architektur
Bert Bielefeld (Hrsg.)
ISBN 978-3-03821-461-8

Städtebau
Basics Stadtanalyse
Gerrit Schwalbach
ISBN 978-3-7643-8937-6

Basics Stadtbausteine
Th. Bürklin, M. Peterek
ISBN 978-3-0356-1002-4

Bauphysik und Haustechnik
Basics Elektroplanung
Peter Wotschke
ISBN 978-3-0356-0931-8

Basics Raumkonditionierung
Oliver Klein, Jörg Schlenger
ISBN 978-3-7643-8663-4

Basics Wasserkreislauf im Gebäude
Doris Haas-Arndt   ·
ISBN 978-3-0356-0565-5

Als Kompendium erschienen:
Basics Gebäudetechnik
Bert Bielefeld (Hrsg.)
ISBN 978-3-0356-0927-1

Landschaftsarchitektur
Basics Entwurfselement Pflanze
Regine Ellen Wöhrle,
Hans-Jörg Wöhrle
ISBN 978-3-7643-8657-3

Basics Entwurfselement Wasser
Axel Lohrer, Cornelia Bott
ISBN 978-3-7643-8660-3

Erhältlich im Buchhandel oder unter
www.birkhauser.com

BIRKHÄUSER

Bert Bielefeld (Hrsg.)

Architektur planen
Dimensionen, Räume,
Typologien

SEITEN	568
FORMAT	24,0 × 30,0 cm
PRINT GEB.	EUR [D] 119.95 / USD 168.00 / GBP 89.99
	978-3-0356-0318-7 DE
PRINT BR.	EUR [D] 69.95 / USD 98.00 / GBP 52.99
	978-3-0356-0320-0 DE

Bei der Ausformulierung eines Entwurfskonzeptes in eine realisierbare Planung bewegen sich Architekten permanent zwischen zwei Betrachtungsebenen: der konkreten Entwurfsaufgabe im Kontext der Planungstypologien wie Wohngebäude, Bürobau, Museum oder Flughafen und dem einzelnen Raum wie Küche, Büro, Klassenzimmer, Sanitärräume, Lagerräume etc.
Konsequent gibt *Architektur planen* dem Architekten und Studenten ein durchdachtes Planungsinstrument an die Hand, in dem sich zwei Hauptteile ergänzen:

die „Räume" und die „Typologien", zwischen denen der Planer je nach Betrachtungsmaßstab flexibel hin und her wechseln kann. Alle planungsrelevanten Informationen werden hierfür detailliert, übersichtlich und im Zusammenhang präsentiert. Flankiert werden diese beiden Teile durch ein Einleitungskapitel, das die Grundlagen und Rahmenbedingungen für das typologische Entwerfen erläutert, und durch ein „Nachschlagewerk" am Schluss des Buches, in dem allgemeine Maße und Einheiten, Vorschriften und Normen übersichtlich zusammengestellt sind.

Reihenherausgeber: Bert Bielefeld
Konzept: Bert Bielefeld, Annette Gref
Lektorat: Thomas Menzel
Projektkoordination: Silke Martini, Lisa Schulze
Layout und Covergestaltung: Andreas Hidber
Satz: Sven Schrape
Herstellung: Heike Strempel

Library of Congress Cataloging-in-Publication data
A CIP catalog record for this book has been applied for at the Library of Congress.

Bibliografische Information der Deutschen Nationalbibliothek
Die Deutsche Nationalbibliothek verzeichnet diese Publikation in der Deutschen Nationalbibliografie; detaillierte bibliografische Daten sind im Internet über http://dnb.dnb.de abrufbar.

Dieses Buch ist auch als E-Book (ISBN PDF 978-3-0356-1301-8; ISBN EPUB 978-3-0356-1318-6) sowie in englischer Sprache erschienen (ISBN 978-3-0356-0930-1).

© 2017 Birkhäuser Verlag GmbH, Basel
Postfach 44, 4009 Basel, Schweiz
Ein Unternehmen der Walter de Gruyter GmbH, Berlin/Boston

Gedruckt auf säurefreiem Papier, hergestellt aus chlorfrei gebleichtem Zellstoff. TCF ∞

Printed in Germany

ISBN 978-3-0356-0929-5

9 8 7 6 5 4 3 2 1

www.birkhauser.com